中国摄影艺术年鉴

CHINA PHOTO ALMANAC

2016卷

主编：高健生

国际文化出版公司

·北 京·

《中国摄影艺术年鉴——2016卷》

封面图片：

空间城市：叠加——高速公路 / 摄影：东　尼

当我从空中俯瞰这座城市的时候，我想把那些造型各异的建筑以更加自由的方式，在空间中进行拉伸旋转，打破现有规整、有序、平面和单调，获得更加富有生命力的我心目中城市的样子。

目　录

前言 \ 高健生

相机还是手机，这不是个问题。

这些天，为国内两大摄影节策划了两个手机摄影作品展览，作者分别是中国摄影金像奖新晋得主和著名少数民族歌唱家。一位放下了大画幅胶片相机，一位从来就没使用过专业相机，他们用手机拍摄的图片无论技术角度还是思想深度都很“专业”，因为他们的态度都是认真的。

所谓“专业”一般有两种含义，如果不是表达职业，那一定是在表达态度。

照相机如同一只笔，我们用脑袋遣词造句，笔将抽象的思想转化为可视的形式，写在纸上的文字是作者思想的硬拷贝，摄影亦然。

“工具是人体的延伸”，近年来又有了“人工智能（Artificial Intelligence）”，英文缩写为AI。它是研究、开发用于模拟、延伸和扩展人的智能的理论、方法、技术及应用系统的技术科学，这是“人的大脑的延伸”。最近谷歌发表了一组利用人工智能技术，照相机自主拍摄的图片，根据谷歌邀请的摄影师评价无论是构图、用光、层次、景深和速度的选择，这些照片已经达到了专业摄影师的技术水平。

照相机人工智能开发与使用早在上个世纪50年代就出现了。初级阶段的测光元件告诉我们正确曝光的参考范围，摄影师手动调整光圈和速度；后来它接管了相机测光后的手动调整（自动曝光），然后它又接管了清晰度（自动对焦），接下来它开始接管被摄主体（人脸识别），又开始接管情绪（笑脸识别），甚至它能在人眼无法分辨的大光比里展示出人眼可以识别的层次和细节（HDR高动态范围），摄影是一门严重依赖科学技术的艺术，摄影者“一半是工程师，一半是艺术家”，很多“工程师”的工作照相机已帮做了，“艺术家”的工作有一部分“人工智能”也在帮着做，但是它永远不能替代我们，无论人工智能发展到何种匪夷所思的程度，都是人类大脑的延伸，基点依然是人，所以谷歌的那组照片也只是“达到了专业摄影师的技术水平”。

“傻瓜相机”不是对人的嘲弄，而是对人类智慧的赞扬，赞扬声中“我们”在哪儿？

在“态度”里。

聚焦大河上下，长城内外，乐山乐水，见仁见智

一镜走天涯，风月无边

中国摄影艺术年鉴

贰零壹六卷

冬天的童话 / 摄影：高占祥

呼伦贝尔冰雪那达慕 · 2016 / 摄影：朱宪民

工业遗迹——本溪煤矿选煤厂 / 摄影：王玉文

优胜美地半圆山——致敬亚当斯 / 摄影：王 悦

直挂云帆济沧海 / 摄影：徐伟浩

西藏阿里古格王朝遗址／摄影：席世宏

灾区变景区、田园变家园——重建后的芦山县芦阳镇火炬村新村 / 摄影：刘应华

2013年4月20日8时02分，7.0级强烈地震突袭雅安芦山，我伴随军用直升机第一时间飞赴芦山灾区侦察灾情，颤抖的大地房倒屋塌，路裂山崩，多少人的家园毁于一旦。

2016年盛夏时节，我再次乘坐军用直升机飞抵雅安芦山上空，惊讶的发现，三年前满目疮痍的大地，如今一栋栋别致的新房、一座座各具特色的美丽新村拔地而起，与青山绿水共同形成一幅幅美丽的画卷……真正实现了从“灾区变景区、田园变家园”的转变，这片重建新机制下的国家“试验田”——生机盎然、希望升腾。

山松狼烟劲 / 摄影：路 军

雪霁长城 / 摄影：王海岩

金山岭长城晨曦 / 摄影：王　杰

秋阳 / 摄影：宣 涛

牧归／摄影：钟加楠

渔舟唱晚／摄影：马兴辉

高铁时代 / 摄影：陈明月

嫩江源 / 摄影：张晳慧

大兴安岭支脉伊勒呼里山中段南侧的嫩江源头南瓮河 。

恋 / 摄影：王 钧

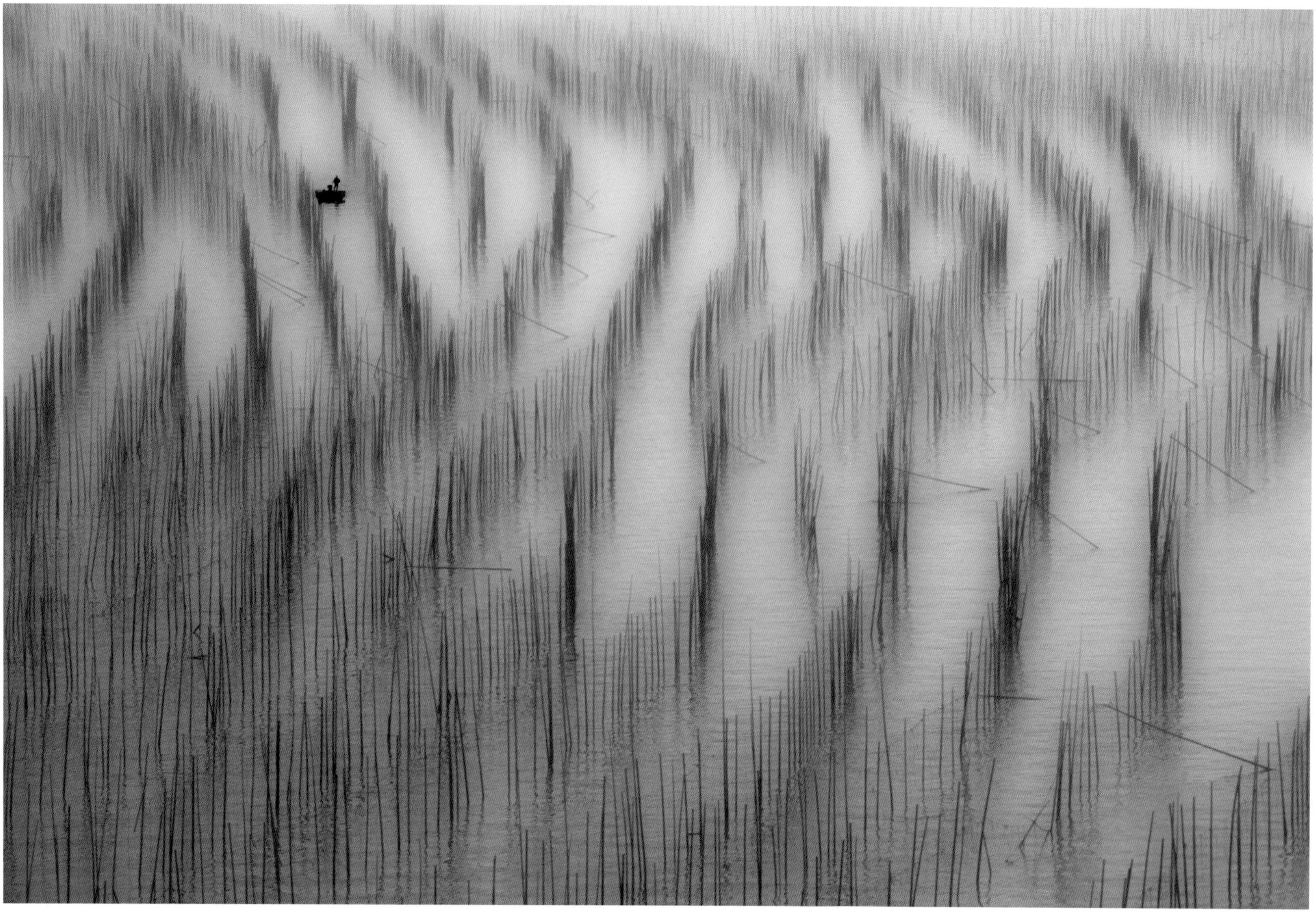

暮归 / 摄影：赵 刚

坝上清晨 / 摄影：尹元福

雨霁 / 摄影：任 龙

翻滚的流云／摄影：苏文林

日出始信峰／摄影：施维天

雾霭江畔/摄影：王 辉

渔舟唱晚/摄影：田伟伸

残城·长 / 摄影：朱长林

金色的梯田 / 摄影：尹素媛　　广西龙脊梯田

冰海落日 / 摄影：任 龙

琥珀之光 / 摄影：刘军勇

武陵山草场 / 摄影：柏建华　　重庆武陵山森林公园

绚丽暮色 / 摄影：朱丽云　　暮色中晚归的羊群衬托着被阳光渲染的五彩树木，灿烂中透着几许宁静。

山间 / 摄影：王 耀　　河北小五台山

似魚非魚 / 摄影 ：丁庆平

那片海 / 摄影：陈垠旭

越南会安。一片海上的故事，每天都在发生，而每天的故事都不一样。

整装待发 / 摄影：孙 实

星空万里 / 摄影：宋大德　　辽河油田

夜幕中的布达佩斯 / 摄影：倪益瑾

蓝色多瑙河穿城而过，华灯初上的这一中欧大都市更加显露她雍容华贵的风采。

米拉神山夕照／摄影：杨 放

海岛之晨／摄影：杨 放

枫城雨夜 / 摄影：杨 放

静静的格伦德尔湖 / 摄影：倪益瑾　　阿尔卑斯山的雪水注入奥地利西北部这个不到6平方公里的小湖，把她粧成一面迷人的镜子。

克罗地亚的九寨沟 / 摄影：倪益瑾　　世界自然遗产的普利特维采国家公园，汇集众多的湖泊和瀑布，构成一幅幅美丽图画。

莫雷诺冰川 / 摄影：席世宏

位于阿根廷南部的莫雷诺冰川，是世界上少数活冰川之一。夏季时常可以看到“冰崩”奇观：一块块巨大的冰块落入阿根廷湖，一声声震耳欲聋的响声让人屏息凝注，但很快，一切又都归于平静。

莫雷诺冰川有20层楼之高，绵延30公里，虽然已有20万年历史，但在冰川界尚属“年轻”一族。莫雷诺冰川似一堵巨大的“冰墙”每天都在以30厘米的速度向前推进，身临其下，似乎感受到冰川时代的气息。

印在大地上的指纹 / 摄影：李一波

马蹄踏得夕阳碎，卧唱敖包待月明 / 摄影：陶 惠

夕阳海岸/摄影：朱润辉　　辽宁省瓦房店大排石村的排石海岸。

滇池夕照 / 摄影：刘 洪

昆明滇池畔，夕阳西沉，近处潮起潮落，远方云卷云舒。但长时间曝光，又让一切归于平静。

九寨秋韵——卧龙海／摄影：李长兴

山村风云／摄影：计宁海

雪乡 / 摄影：薛荣萍

晨牧 / 摄影：盛仁昌

山水梦幻 / 摄影：佘佳虎

轮回 / 摄影：常 霞

河南许昌鄢陵乾明寺。世事变迁，一梦已过千年，世事轮回，只有这寺庙里的古塔亘古不变。

德天瀑布星轨 / 摄影：李亚平

中越边境中国一方，面向西南方向。灿烂的群星永恒不变的运行轨迹和亚洲第一、世界第二大的跨国瀑布的磅礴气势勾画出一幅绝美的天上人间图画。

日耀江城 / 摄影：姚 辉

中朝新大桥 / 摄影：姚 辉

玫瑰园海岸／摄影：张跃

玫瑰园位于大连市金石滩度假区内，由几十块距今七亿年的藻类植物化石组成，其岩面色彩妖娆，纹理内旋。空中俯瞰似一簇簇盛开的玫瑰，千万年绽放如一，见证大海与岩石亘古不变的爱恋。

小溪潺潺／摄影：陈 训

赤水大瀑布／摄影：邓元良

气象环境的守护神——北京325米气象塔 / 摄影：刘培恩

在北京海淀区北三环马甸桥西北角，有一座高耸入云的大铁塔，是北京历史上最早和最高的地标性建筑，它的全称叫：北京325米气象塔，俗称大铁塔。38年来它日夜陪伴着古朴而现代的北京城，特别是见证了改革开放后这座国际大都市的巨大发展变化。细心的人们会发现，38年来这座城在不断变化，“大铁塔”却从未改变过。

这座铁塔虽没有天安门城楼的雄伟、奥运塔的华丽，也没有国家博物馆深厚的文化内涵、国贸CBD的旺盛人气。但年长的北京人对这“铁哥们儿”却充满了情感和敬畏，因为它伴随了近两代人，虽“其貌不扬”但总是低头不见抬头见；而年轻的北京人和来京的游客们，也对这“铁哥们儿”觉得新鲜并充满好奇，因为不知它因何存在又为何永立不倒，虽在同城守望但从没有登上过它。

黑格尔有一句哲学名言：“存在即合理”，意思是说，“合乎理性的东西都是现实的，凡是现实的东西都是合乎理性的”。从摄影的思维理解黑格尔这句话，就是任何事物都有“美”的一面，就看你能否抓住瞬间捕捉到它。多年来，我经常从一个摄影者的视角去审视它，这“大家伙”貌似又高又笨，虽时常表现得神秘伟岸，但也偶见婀娜俏丽，当每一次美好邂逅总会用相机把它记录下来。

“北京325米气象塔”，顾名思义其塔身高度为325米，海拔高度49米，建成于1979年8月，隶属中国科学院大气物理研究所。当年其高度是亚洲第一、世界第二，现为亚洲第二、世界第三。共有15层观测平台，每层装有测定风、温、湿等气象要素的传感器，可以获得15个不同高度上的观测数据，测量结果用电缆传输至地面计算机进行数据处理。在气象塔280米高度南北方向设置的两部高清相机24小时运行，每半小时自动进行一次拍照。其特殊性在于建在北京中心城区，38年来记录了北京城市化进程，实时监测北京及周边地区的天气状况、地表状况和空气污染、大气边界层、大气湍流扩散等。

橋陽正

天福名茶
大柵欄
庆祝大栅栏民俗文化节开幕
王麻子
吉龙
东来顺饭庄
斩切坚难任意行

大栅栏总店
新成炸酱面馆
XINCHENG ZHAJIANG MIANGUAN
新成饮品站
東來順羊肉串

老北京·新风貌 / 摄影：闫 淼

三里屯夜色 / 摄影：闫 淼

德胜门之夜／摄影：田文宗

北京古老的德胜门在现代化交叉立交桥的衬托下格外壮观，灿烂辉煌。

立交桥宏伟／摄影：王强

从空中看朔州，不一样的角度，不一样的感觉。朔州的立交桥，白天的宏伟，晚上的艳丽。

流光溢彩／摄影：邵鸿雁

琴岛之眼／摄影：张 静

颐和夜色 / 摄影：袁爱敏

颐和彩虹 / 摄影：段伟生

兴凯湖冬韵 / 摄影：丁海荣

情系摄影 / 摄影：李英文

坝上草原是摄影人的天堂，一年四季都是那么的迷人。2016年冬季作者顶着刺骨严寒前往坝上，用镜头记录下摄影大军的浩浩荡荡车队和摄影人情系摄影的执着。

颐·和/摄影：阿·巴德夫

凉山记忆 / 摄影：闫怀庚

四川大凉山美姑县。大凉山位于四川省西南部，是中国彝族集中聚居的地区，其中美姑、昭觉、布拖三个县的社会和经济发展相对比较落后，也是中央提出精准扶贫的重点地区。

印象宏村 / 摄影：闫怀庚

宏村位于安徽省南部，黄山脚下的徽州。徽州文化源远流长，宏村是保存完好的代表着徽州文化的古村落，其民居也是徽派建筑的典型代表。

雾绕梯田 / 摄影：周笑真

绿野轻车 / 摄影：张 震

塔云冬韵 / 摄影：陈彦军

鹰嘴峰前观日出／摄影：马辉

云上人家／摄影：南航

大漠中秋/摄影：姚 倬

大山包鸡公山/摄影：杨泠泠

又是一年春来早／摄影：马骏

秋光／摄影：苏清财

俯瞰林芝 / 摄影：徐 波

草绿牛肥 / 摄影：范海英

人间仙境 / 摄影：庞维新

湖光山色 / 摄影：曾庆旻

海阔天空 / 摄影：徐 健

家园 / 摄影：凌旭东

北太湖 / 摄影：刘秀英

冰沟之晨/摄影：孙敦福

冰沟丹霞位于甘肃省张掖肃南裕固族自治县康乐乡。 冰沟丹霞，美冠华夏，天成佛国，器宇轩昂。整个冰沟丹霞景区到处呈现天然形成的富有宗教色彩的佛宫、佛塔、佛像等，因此，它是仅有的基于丹霞地貌，又以佛教为主题的文化地质公园，被誉为“天成佛国” 。

古道驼铃 / 摄影：吴惟珺

奎屯大峡谷 / 摄影：吴晓亮

山间彩练/摄影：孙国才

城市之光/摄影：李成山

西顾苍茫 / 摄影：裴 烨

银色沙漠 / 摄影：刘应华

首次在隆冬时节乘坐民航班机从成都飞往新疆库尔勒，途经塔克拉玛干沙漠时，透过舷窗俯瞰披上银装的浩瀚沙漠是别样的神奇！冰雪凝冻的沙漠呈现出的肌理、线条、充满如诗如画的韵律感，让你产生无限的遐想……它们或似冲刷海滩的潮汐，或似层层叠叠的梯田，或似汇入江河的涓涓细流，或似盘根错节的藤蔓，或似美轮美奂的窗花……你会情不自禁的惊叹：大自然如此鬼斧神工！

梦幻长江源 / 摄影：刘 畅

乘军用运输机从拉萨飞往格尔木，途经青海西南部长江源头——沱沱河上空时，太阳刚从唐古拉山脉探出头来，金色的阳光缓缓洒向河床，顷刻间，美丽的沱沱河似火龙出海，似金沙飞瀑……梦幻般的奇景让你产生无限的遐想。

纳木错之晨 / 摄影：裴思童

层峦叠嶂 / 摄影：许怀祥

万里长城东起点——丹东虎山长城／摄影：庞传家

桃花里的边关／摄影：庞传家

晨之光／摄影：任启瑞

壁立万仞／摄影：任启瑞

天子山 / 摄影：张炳功

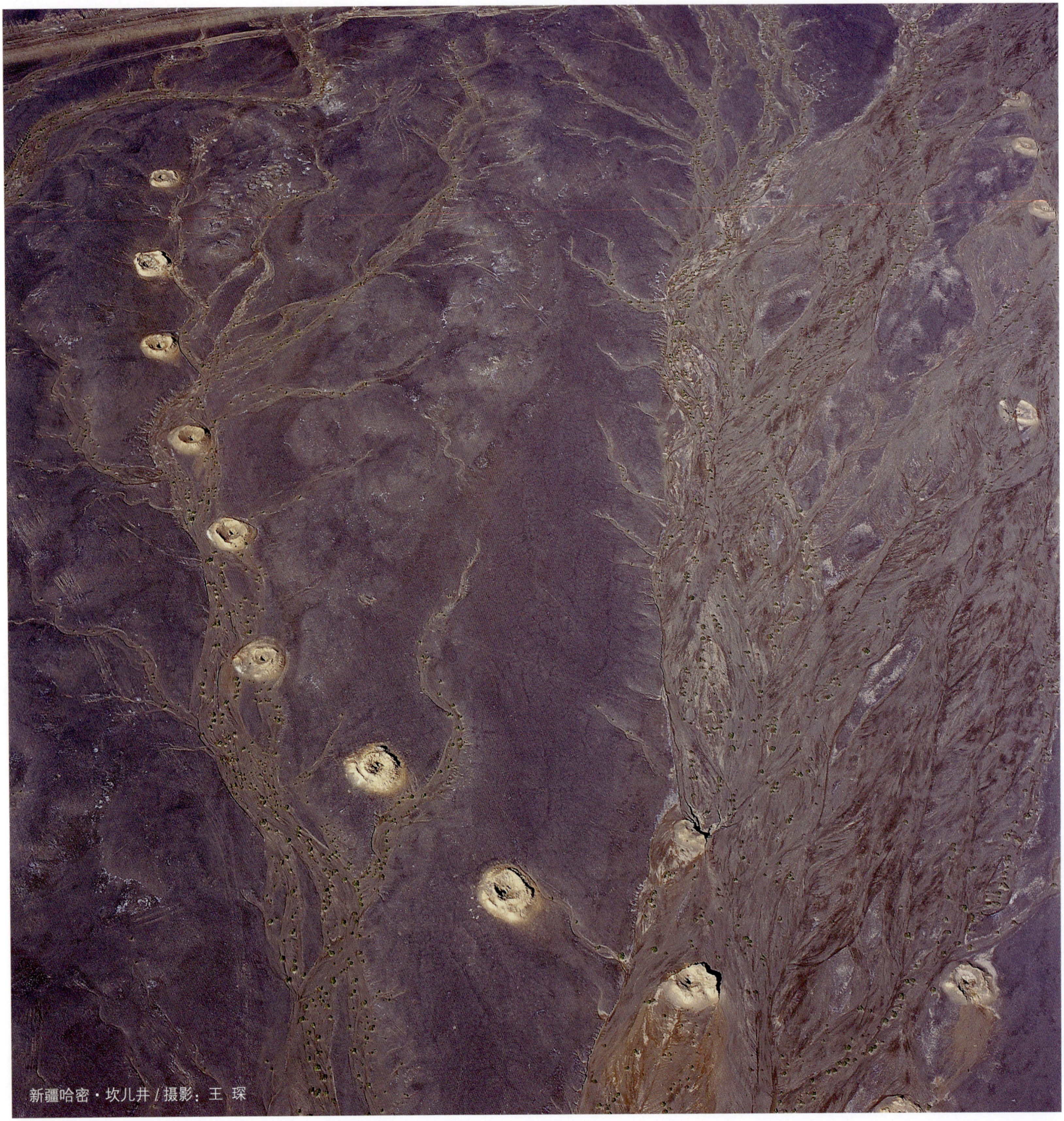

新疆哈密·坎儿井 / 摄影：王 琛

甘肃敦煌・明代古墓群 / 摄影：王 琛

草原金光 / 摄影：张志强

舷窗的记忆 / 摄影：张志强

美丽沙湖／摄影：李树岩

祥云／摄影：李永波

边关锁贺兰／摄影：李 鹏

黄河远眺 / 摄影：牟 将

秋之梦 / 摄影：许学平

炊烟 / 摄影：额尔德尼

黄河雪韵 / 摄影：高春雨

南迦巴瓦雪域冰川 / 摄影：邓喜平

星火燎原/摄影：刘俐

阳光总在风雨后/摄影：刘冰峰

晨雾 / 摄影：尹树高

草原之晨/摄影：于文杰

辽宁桓仁县米仓沟摄影：张 洪

黄土高原／摄影：亚 明

商山雪霁／摄影：董发亮

仰望/摄影：于 峰

雁荡瑞雪 / 摄影：林时友

天水一色 / 摄影：周子鹏

江孜古堡/摄影：祝英培

昆仑山脉/ 摄 影：李 钢

巴丹吉林沙漠的海子 / 摄影：王 捧

寒山冷水 / 摄影：许 宁

冬日 / 摄影：苗 刚

春江 / 摄影：肖 丹

映山红 / 摄影：王世军

四姑娘山 / 摄影：陈昌桃

雪野 / 摄影：丛 刚

马赛马拉的奇观——大迁徙 / 摄影：吕学海

马赛马拉野生动物自然保护区，是肯尼亚最大的国家公园，占地1800平方公里，与坦桑尼亚的塞伦盖提国家公园隔河相望。

每年马赛马拉都会上演世界上最伟大的自然奇观，那就是举世闻名的动物大迁徙。从7月到10月，位于北方的马赛马拉因连绵的降雨而孕育出新鲜青草地，芬芳的青草气味，将130万原居于南面塞伦盖蒂的牛羚和斑马深深吸引，使之汇聚成为动物世界最大的一组移动群体，它们越过肯坦边境进入开阔的马赛马拉， 在广袤的地平线上如浪潮般一波一波涌来。

马赛马拉的日落 / 摄影：吕学海

博戈利亚湖的火烈鸟 / 摄影：吕学海

水源 / 摄影：覃 进

高原精灵——藏驴 / 摄影：劳荣基

浩浩荡荡大转场 / 摄影：唐密清

八骏图 / 摄影：邓士平

夕·羊/摄影：嵇松扬

日暮乡关促归驼/摄影：马桂新

祁连山下 / 摄影：脱兴福

雪原精灵／摄影：冯其坤

牧归／摄影：冯其坤

这里的黎明静悄悄 / 摄影：张 华

归牧／摄影：陈　智

藏原羚 / 摄影：图登华旦

藏原羚专题历经6年在西藏、新疆、青海、四川四省交界处的三江源核心区域内对个别藏原羚种群在原生态自然环境中的生存繁衍进行跟踪、观察、记录和拍摄，得到了第一手视频图片科研记录资料。为日后加强对野生动物保护的法律法规宣传，实施科学生态保护野生动物措施和谋求野生动物良好的生存环境而积累资料。

飘浮的云朵 / 摄影：孟延军

天马小像 / 摄影：李 刚

新疆昭苏县是天马的故乡，养育着各种不同品种的马匹。有当地的哈萨克土马，也有国外进口的热血马、温血马、冷血马，更多的是经过培育改良的伊犁马。

不同的马种，体型、力量、速度大不相同，同一马种，性格差异也很大，或性情暴烈，或含情脉脉。这一组在室外自然光下拍的小像，记录了这些高贵动物的影像，试图诠释它们对外部世界的情感。

大漠之舟 / 摄影：马加利

地球主人 / 摄影：刘孝良

预备，起飞 / 摄影：魏向东

近年来，山西省朔州市加大对环保的投入和环境治理的力度，大大改变了桑干河流域的自然生态环境。每年春秋两季，有二十多种国家一、二级保护鸟类在这里汇聚，成千上万的白天鹅、黑鹳、大白鹭、小白鹭、苍鹭、白琵鹭、鸿雁、大雁、灰雁等都在这里栖息。

红腹锦鸡 / 摄影：郑学学

鹤舞高原 / 摄影：陈忠平

玉渊潭荷塘水鸟/摄影：苗建国

繁华深处，细水流年。看塘前花开花落，赏天空云卷云舒；静如呆鸡，动若闪电，鱼虾果腹，淡薄如素；花开本无岸，魂落荷塘犹如仙。

比试 / 摄影：陈泽忠

炫羽/摄影：王 武

蜜月/摄影：王 武

翠羽翩翩 / 摄影：王 励

红腹锦鸡 / 摄影：白家壮

红腹锦鸡 / 摄影：程富泉

斑鱼狗/ 摄影：薛 杰

斑鱼狗，翠鸟科、鱼狗属的中型鸟类，体长27-31厘米。外形和冠鱼狗非常相似，通体呈黑白斑杂状，但体型较小，头顶冠羽较短。尾白色，具宽阔的黑色亚端斑，翅上有宽阔的白色翅带，飞翔时极明显。下体白色，雄鸟有两条黑色胸带，前面一条较宽，后面一条较窄，雌鸟仅一条胸带。白色颈环不完整，在后颈中断，具白色眉纹。

牛背鹭 / 摄影：王 欣

牛背鹭又名黄头鹭、畜鹭、放牛郎，该物种已被列入国家保护野生动物名录，是目前世界上唯一不以食鱼为主而以昆虫为主食的鹭类,由于他常啄取耕牛和其它牲畜身体上的寄生虫。其与家畜,尤其是和水牛形成了依附关系,这也是牛背鹭名称的由来。每年的5月份成群的牛背鹭就会从遥远的南方来到辽宁的辽中县繁衍生殖，为辽北大地增添生机。

共舞 / 摄影：戴达山

风雪鸟趣图／摄影：屈伟力

翠湖鸥恋／摄影：李钟明

莺歌燕舞 / 摄影：刘胜冬

抢食儿 / 摄影：黄士立

叫嚣/摄影：杨汉

友爱/摄影：杨汉

觅食 / 摄影：洪国忠

锦绣年华／摄影：倪秀丽

照镜子 / 摄影：袁 芬

静谧冬曲 / 摄影：梁 平

幽林深处 / 摄影：丁庆平

争论/摄影：梁 平

母爱 / 摄影：洪 丽

寒木待春／摄影：周子鹏

冬日／摄影：赵 新

大理苍山大树杜鹃 / 摄影：樊　韦

仙境·圣境 / 摄影：赵镇学

秋染白桦 / 摄影：黄莉雯

阳光下／摄影：王洪宽

红尘过客／摄影：史宇飞

甪直新村 / 摄影：李晨歌

构成 / 摄影：邓致荣

冬之如意／摄影：尚超

海棠山之恋／摄影：杨建东

雾凇情／摄影：吴兴军

冬日／摄影：贺秉理

二月的乌兰布统小河头，寒气袭人，新雪过后，雪蘑菇在娟娟的不冻流水中构成了一幅甚为美妙的画面。

冬季，我依然绽放／摄影：陈立奇

小街 / 摄影：朱永兴

惊梦 / 摄影：冯安安

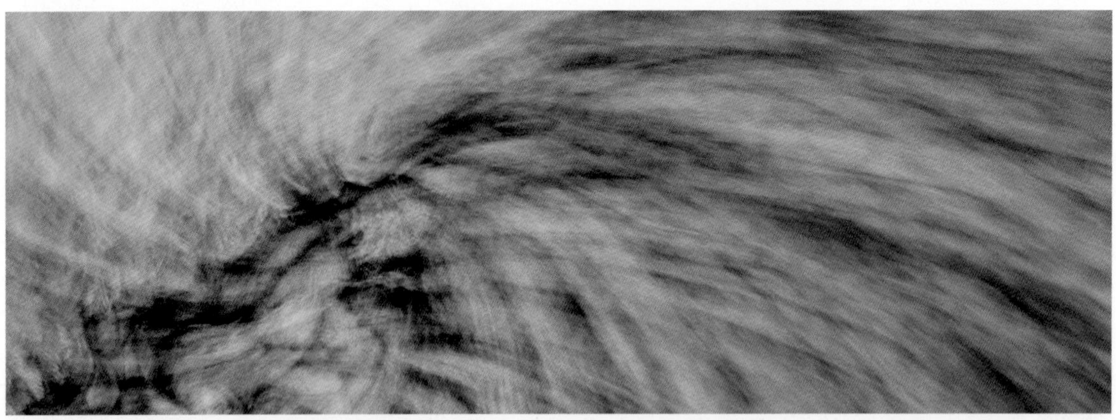

唐韵诗画・风花雪月/摄影：潘东君

唐诗作为中国传统文化中的绚丽瑰宝流传千年至今，每首诗句都为读者提供了丰富想象空间。本组作品使用了慢门的手法，尝试着用当代摄影的形式来表达唐诗中的意境，将原本纯语言的文字转化成为生动的直观视觉。作品中的“风花雪月”分别表现了以下四句诗词，风：西风袅袅秋；花：山花开欲燃；雪：残雁雪中闻；月：月色醉远客。

相由心生——冰艺 / 摄影：侯少刚

空间城市 / 摄影：冬 尼

《空间城市》这组作品强调了主观想象，具有超现实主义风格。

当我使用无人机从空中俯瞰沈阳整个城市的时候，我想把那些造型各异的建筑，以更加自由的方式，在空间中进行拉伸旋转，打破现有的规整、有序、平面和单调，获得更加富有生命力的我心目中城市的样子。而这种灵感是来自于著名的“空想建筑师”尤纳.佛莱得曼。他提出了移动城市的概念，他希望“建立一套复杂多变的建筑架构体系 ”，由居住者来决定建筑和城市规划。这个理念给了我很大的启发，我在作品中把抽象图形从建筑结构中抽离出来，在整个空间中进行拉伸，强化了视觉纵深感。并且按着自己的视觉和审美习惯重新排列组合，这是一种对规则的打破，是对建筑基本结构和实用性的忽视，是一个即兴创作的过程，也是一种尝试。在尝试过程中，带给我更多的感官上的主动权与乐趣， 我想我们可以称之为重建的秩序和解构的力量。

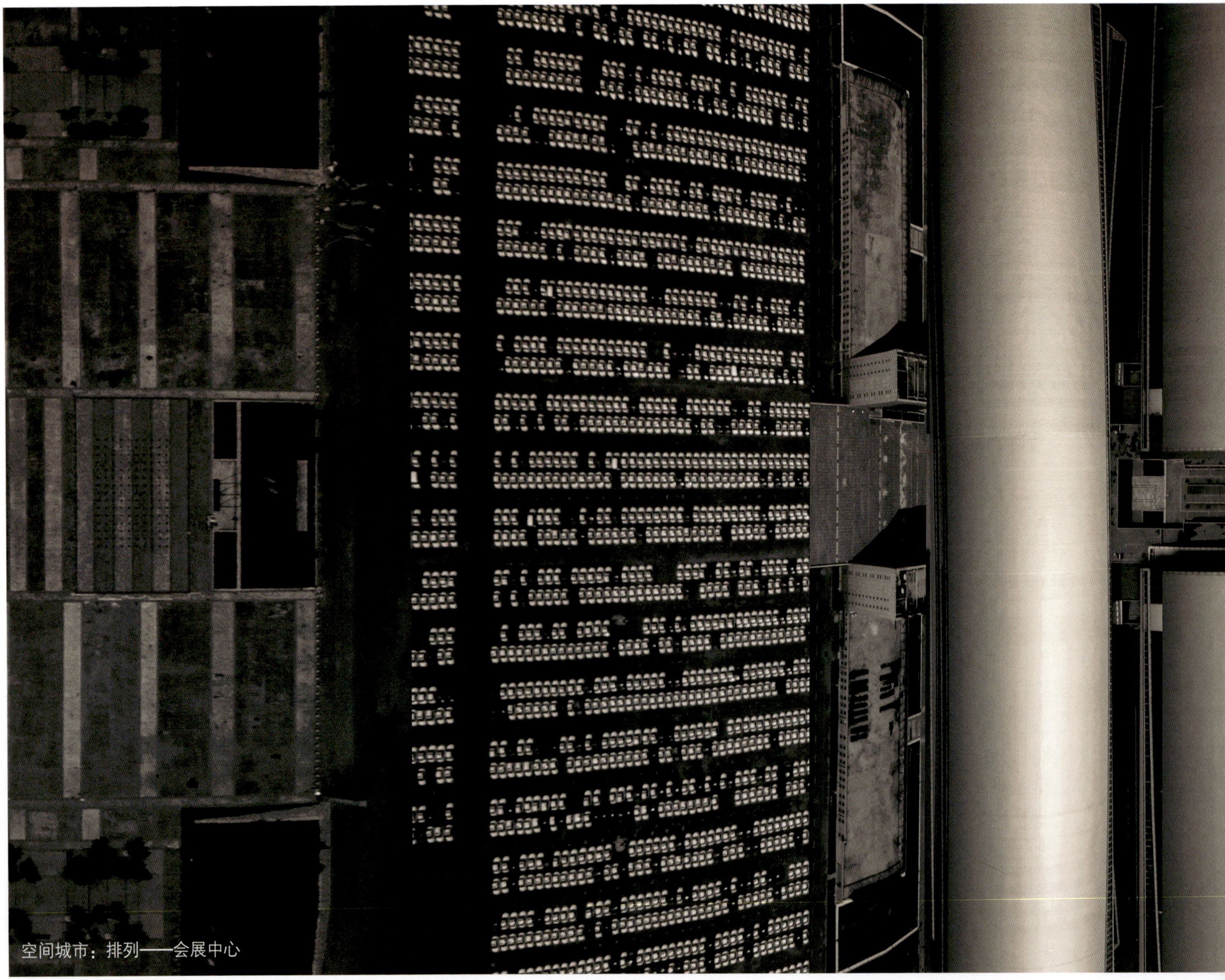

空间城市：排列——会展中心

空间城市：转换——有轨电车

空间城市：变异——文化艺术中心

空间城市：堆积——图书档案馆

空间城市 / 摄影：冬 尼

空间城市：叠加——高速公路

空间城市：重复——城市规划院

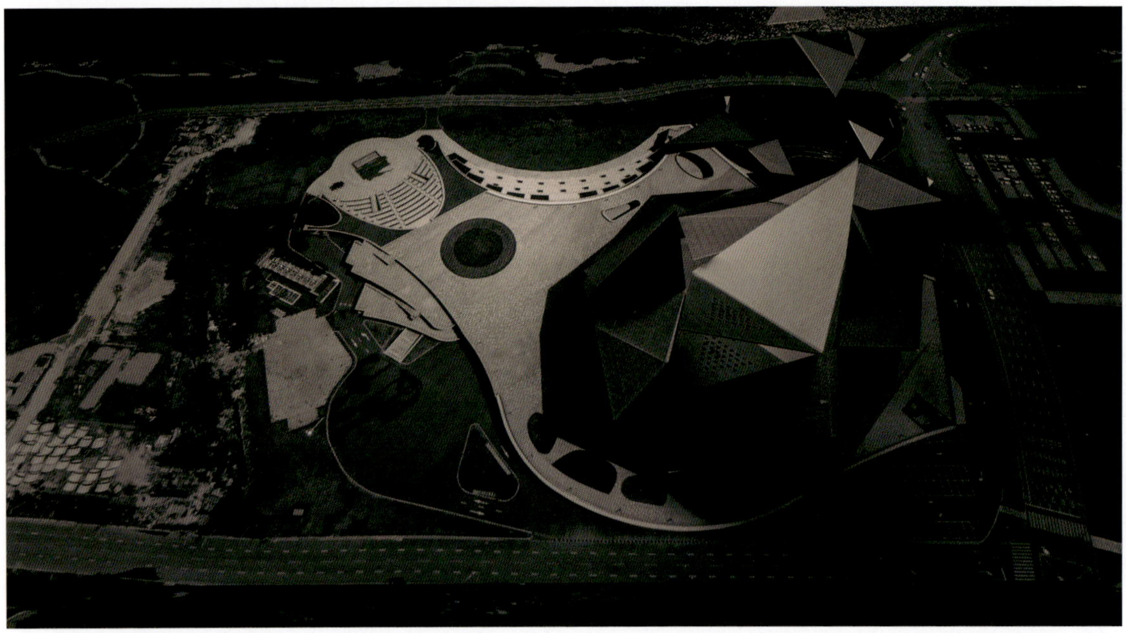

空间城市：重构——艺术宫

空间城市：拉伸——市中心停机坪

空间城市：旋转——观海台

空间城市：发散——奥体中心

春雪阅海 / 摄影：张治军

结构／摄影：张景璐

老车间一瞥/摄影：董凤安

城市掠影/摄影：李其祥

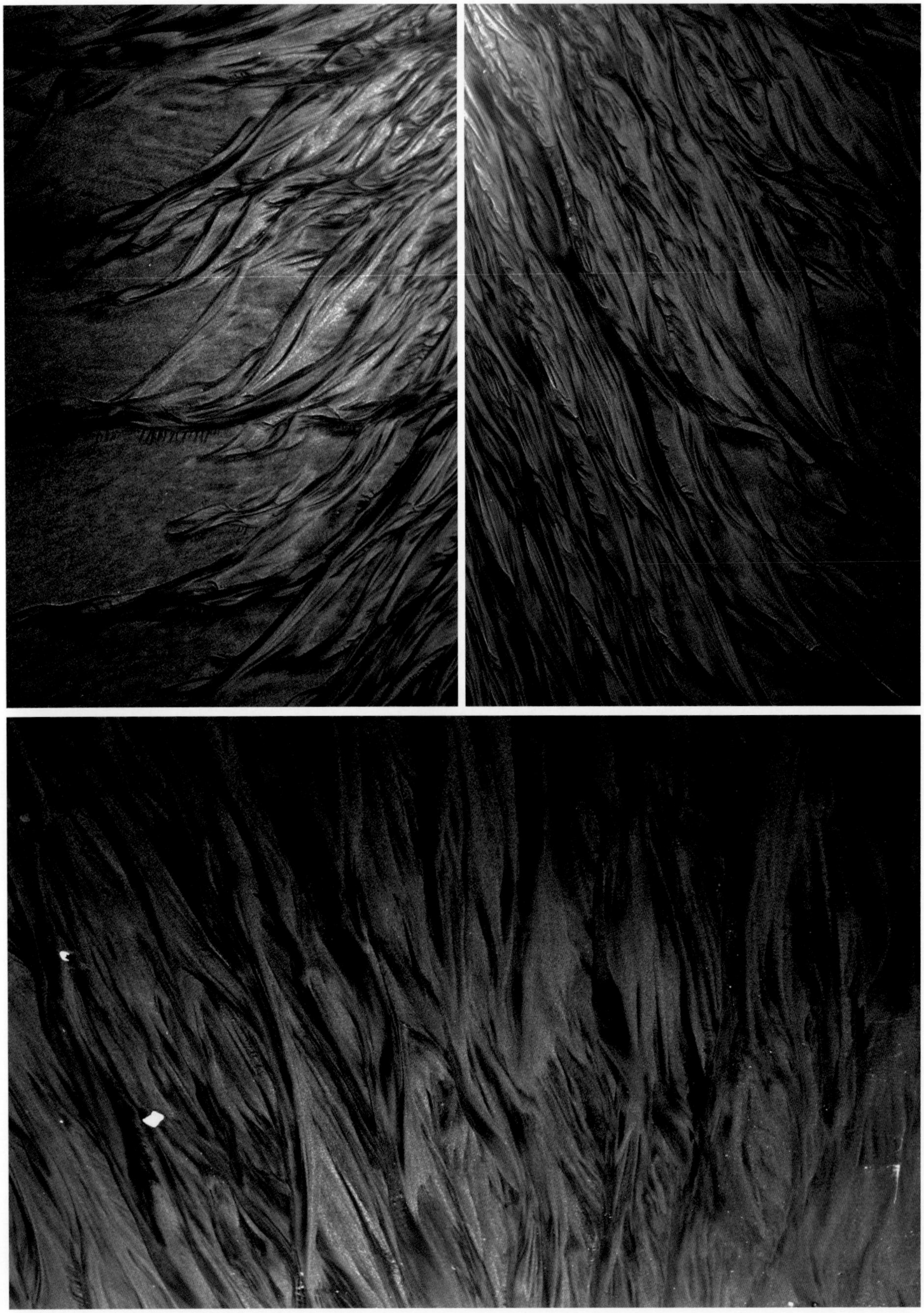

海滩"沙画"/摄影：赵洪新

玻璃的神奇 / 摄影：郭锅扣

花语 / 摄影：岳 子

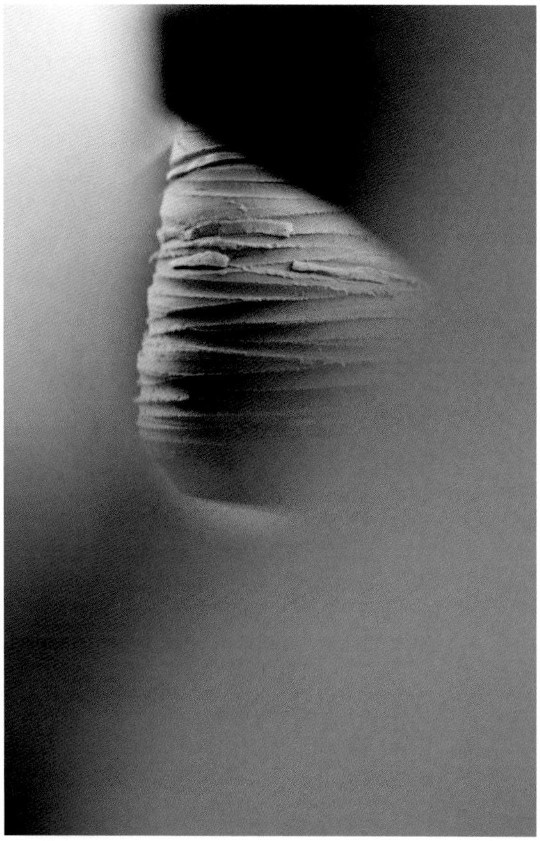

仪态万方/ 摄影：王文静

“手如柔荑，肤如凝脂，领如蝤蛴，齿如瓠犀，螓首蛾眉。”《诗经·硕人》中曾经这样描绘女性的神态及美貌。陶坯是陶制器皿的生坯。当陶坯经过火的雕琢素烧之后，所呈现出一种不一样的陶土肌肤的呼吸美感。灰色调的形式呈现出素烧后的陶坯质感宛如人体肌肤表面一般，不同陶器的组合呈现出若隐若现的人体符号。

感受世间寒暑，人生冷暖，岁月无痕，心中有爱

一图胜千言，道义在肩

中国摄影艺术年鉴

贰零壹示卷

蒙古马

在北纬五十度的雪原中
敢于迎战严寒才能面对辉煌

蒙古马 / 摄影：德玉庆

在北纬五十度的雪原中，敢于迎战严寒，才能面对辉煌。

拉骆驼的蒙古汉子 / 摄影：高健生

内蒙古呼伦贝尔地区陈巴尔虎旗呼和诺尔

抱猫的塔吉克女人 / 摄影：高健生

新疆喀什地区塔什库尔干县红其拉甫山口

皮影继承人 / 摄影：左雪兰

且听风吟 / 摄影：鲍利辉

博客手 / 摄影：巴 音

沙海御驼 / 摄影：巴 音

渤海，渔民在船上的晚餐 / 摄影：史 春

高铁基石 / 摄影：雷佳民

在我们惬意享受高铁带给我们便捷、舒适的背后，是广大高铁建设者用自己的辛勤和汗水，让设计蓝图变成现实。本组照片拍摄于合武高铁、武广高铁、郑武高铁建设现场，是作者所记录的多条高铁、数百名建设者的代表。作者用剪影的方式表达了自己对中国高铁的敬仰和对高铁建设者的崇敬，也希望通过影像的力量，让全社会增加对中国高铁的认知和对高铁建设者的认同，在中国高铁载入史册的同时，让历史永远记住为高铁付出艰辛的建设者！

鸣沙山之旅 / 摄影：黄松辉

老伴 / 摄影：张莉蓓

鹰和主人 / 摄影：张莉蓓

欢乐海洋 / 摄影：杨惠光

盐田乐章 / 摄影：杨惠光

南海长城 / 摄影：线云强　　2016年5月30日，中国南海渚碧礁上的海军陆战队员冒着大雨进行训练。

南海长城 / 摄影：线云强　　2016年5月30日，中国海军陆战队船舱晨练。

首都卫士／摄影：王 励

红墙下的橄榄绿／摄影：晨 阳

北京天安门城楼下，一队队年轻的士兵在合影留念，他们各个容姿焕发，那一身橄榄绿色的军装在红色城墙的映衬下格外引人注目。

我是红军——纪念红军长征胜利80周年 / 摄影：柳 军

2016年10月21日，在纪念红军长征胜利80周年大会上中共中央总书记、国家主席、中央军委主席习近平在会上发表重要讲话强调，历史是不断向前的，要达到理想的彼岸，就要沿着我们确定的道路不断前进。每一代人有每一代人的长征路，每一代人都要走好自己的长征路。今天，我们这一代人的长征，就是要实现“两个一百年”奋斗目标、实现中华民族伟大复兴的中国梦。长征永远在路上。不论我们的事业发展到哪一步，不论我们取得了多大成就，我们都要大力弘扬伟大长征精神，在新的长征路上继续奋勇前进。

李开友——百岁红军的百年见证

李开友1914年12月10日出生在湖南省龙山县召市镇一个贫苦农民家庭。参军前，因为家庭贫困，李开友主要靠放牛、割草、砍柴为生。1934年5月，20岁的李开友听说跟着红军有饭吃，就在家乡召头寨参加了红军，被编在红六军团17师49团卫生队。在部队先后担任过通讯员、司号员、班长、副连长、连长、团参谋、团股长。1955年被授予大尉军衔，1956年9月被定为正营级，1958年4月转业回乡，任龙山县木器厂厂长。1969年12月退休，1980年10月改为离休。

在李开友家中他身着老军装，上面挂满了奖章、勋章和纪念章，已经102岁高龄的他依然耳聪目明。他伸出颤颤巍巍的手指向胸前一一介绍：“这是西北军人民功臣奖章，1950年颁发的，这是华北解放纪念章，也是1950年颁发的，这是三级八一勋章，是1957年发给我的……”手指在一枚枚奖章上划过，老人家的思绪也仿佛回到了那个战火纷飞的年代。

李开友参加革命后在卫生队担任通讯员，之后就参加了湘鄂川黔革命根据地反“围剿”战争，先后在芭蕉砣、象鼻岭、忠堡等大捷中立功。1935年11月，李开友随部队在湖南省桑植县刘家坪参加长征，1936年10月到达陕甘宁革命根据地，纵横湖南、贵州、云南、西康（旧省名）、四川、甘肃、宁夏、陕西八省，历时360日，行程二万五千里。抗日战争时期，参加过著名的百团大战和南泥湾大生产运动。解放战争时期，又参加了中原突围、青化砭、羊马河、蟠龙镇、瓦子街等战役。

“算一算我参加了大大小小战斗无数次，全身负伤20多处，我为中国革命做出了贡献，已经问心无愧，你们新一代革命军人要扛过这杆大旗，继续战斗下去，把我们用生命和鲜血换来的大好河山建设得更加繁荣富强！”

说道长征“那是我一生中最艰苦的日子，我一辈子都忘不了！”老人兴致勃勃地向大家讲述起长征过草地的故事。

1936年7月初的一天清晨，当时还是卫生队通讯员的李开友被冲锋号叫醒，从甘孜进入草地，大家谨慎地踩着草丛，一步一步探索着前进。草地的气候多变，有时候早上还是一望无际的晴天白云，说不定什么时候忽然一阵狂风暴雨，大家被淋得像落汤鸡，衣服没法烘干，就裹着湿衣裤走路。黄昏的时候，往往有一阵黄豆粒大的冰雹子，打得人眼睛都睁不开。夜幕降临，部队就地宿营。到处都很湿润，连个可坐的干处都没有。队长和指导员就近找一些干草，在先头部队搭的棚子里生火，安顿伤病员，给他们吃的就是烧开水拌青稞粉和麦粒。战士们一边烘烤衣服，一边照顾伤病员，大家都互相鼓励着、坚持着。李开友是通讯员，很多晚上都是和队长枕枪而眠，队长也总是给他讲道理、鼓励他。十多天后，备用粮食差不多吃完了，大家只有以草根度日。很多草有毒，不能吃，洼地里的水也不卫生，不能喝，战士们实在渴了，只能舀一缸子润润嘴。由于吃野葱野草，很多战友发生中毒现象，卫生队病号大量增加，担架队的同志最辛苦，支着虚弱的身体抬着担架走，躺在担架上的伤员劝他们放下自己，可他们哪里肯将战友丢下，就是拖也要拖出大草地。日头很毒的时候，几个年长的战士一头倒在了草地里，再也没有起来，大家只能告别逝去的战友，将悲痛埋在心底，继续前行。

“在长征路上，随时面临死亡的威胁，但我们从来没有气馁，始终以百折不挠、坚韧不拔和吃苦耐劳的革命精神支撑自己的身体，最终胜利会师，现在回想起来，当时参加长征的人，个个都是好样的！”李开友边说边竖起了大拇指。

孟绍金："我是红军"一段难以忘却的红色眷恋

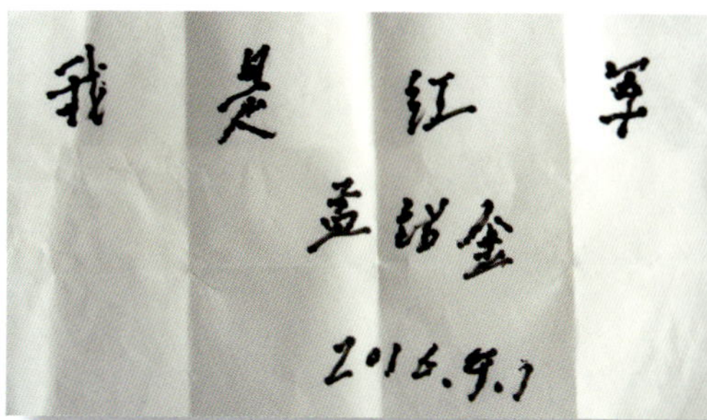

孟绍金1922年11月出生在印江县沙子坝镇池坝村，1934年6月，红三军来到沙子坡，刚开始大家也都怕，后来听说是贺龙的队伍，打富救贫，帮助穷苦农民当家做主，大家顿时丢掉了担心，才出来主动为红军带路，帮军队运送物资，并纷纷参加红军游击队。孟绍金14岁与同村的姐夫杨光贵等十多人一道参加沙子坡游击大队池坝游击队。当时游击队员没有几支枪，都用马刀和梭标等武器，孟绍金被编入印江独立团，先后与部队到沿河白石溪、刀坝、杨家坪等地镇压土豪劣绅、打击白军和给红三军打给养。

"1934年10月中旬，谷子已经收割完，大家在团长张君望的带领下，到下六井溪一带打给养。我们200余人向中坝杨家坪进发，当我们打到粮食，顺坡而下，到烂坝沟时突遇敌人。只听见一阵锣响，周围山头到处呼应，枪声喊声响成一片，原来是黔军大部队和当地民团，想把我们围歼于烂坝沟。战斗进行得十分激烈，敌人居高临下，我们的人一会儿就死一大片。团长张君望也被打死了，队伍溃散了，我在溃散中躲过敌人追击，跑到山上之后便与部队失去了联系。"

"后来红军转移湖南后，还乡团、清乡队和土豪劣绅就回来了，开始迫害参加过红军游击队人员，我便外出四处躲避，在外躲藏近半年之久，后回来跟随伯叔们学打铁做手工为生。"

据孟绍金的大儿子介绍，解放后，父亲参加过土改运动，并于1957年到县林业部门工作。1961年机关干部大规模"精兵减政"，父亲自愿申请回乡劳动。1986年，在党的政策关怀下，被确认为"红军失散"人员，开始享受政府优抚政策和待遇。去年不小心摔断了腿，不能走路了。但是，每次看到穿军装的部队领导来看望都非常高兴，感谢党和政府不忘记他。

在记者离开时，老人家激动地写下了"我是红军"四个大字，表达了当时没有找到红军的遗憾，并一再感谢共产党、感谢红军，没有忘记"我"。

陈本初——老首长，我又看您来了！

2016年8月28日，湖南省龙山县人武部把“两学一做”课堂搬到了县烈士陵园，他们与95岁的在乡老红军陈本初一道，来到烈士陵园。为苏杰烈士扫墓，瞻仰烈士纪念雕塑。来到苏杰烈士墓前，陈本初原本颤颤巍巍的身体突然站定，向烈士墓敬了一个标准的军礼。“老首长，我又看您来了！我从不抽烟，但我知道你抽烟，来，我给你点上。”陈本初用双手点燃一支烟，放在了烈士墓头。他看到烈士墓上沾满了灰尘，马上拿出随身携带的抹布，仔仔细细地将墓碑擦拭干净。此时，眼泪已经湿润了他的眼睛。

1922年6月，陈本初出生在湘西龙山县召市镇，1935年，红26军团转进湘西龙山县，当时只有13岁的陈本初在家乡认识了17师师长苏杰，并经他特批加入了红军队伍，从此与中国革命结下了不解之缘。

“师长啊，没有您就没有我的今天。您用鲜血和生命换来了我今天的幸福生活，您的恩情，我一辈子都不会忘记，我的子孙后代也永世不会忘记！”缅怀师长苏杰，陈本初泣不成声。1935年7月28日，红26军团17师奉命急行军赶到招头寨阻敌，师长苏杰带领陈本初在内的200多名战士组成敢死队，在向占据招头寨山头阵地之敌发起猛攻时，身中炮弹光荣牺牲。夺回阵地后，陈本初跟战友们一起将师长苏杰葬在了自己的家乡召市镇。1955年，陈本初回到家乡找到了当时埋葬苏杰师长的墓地。看到破烂不堪的坟墓，陈本初省吃俭用将它修葺一新，并一直定居在老首长墓地附近守墓。2014年，随着苏杰烈士的墓迁入县烈士陵园集中安葬，陈本初和老伴一道随儿女居住在县城，继续忠诚守护着苏杰烈士墓。“苏杰引导我走上革命道路，为了革命胜利却长眠在他乡异地。他在这里没有亲人，我们就是他的亲人。”“我时常看见首长骑着一匹枣红马，从山那边过来。”每次看望首长后，陈本初眼里都是泪光一片。

1935年11月，贺龙、任弼时、肖克、关向应、王震等老一辈无产阶级革命家率红26方面军部队从湘鄂川黔革命根据地出发，开始长征，陈本初便是队伍中的一名娃娃军。“一个黝黑的脸、漆黑的八字胡大个子红军摸我头，问我怕不怕死、吃不吃的苦，叫我跟紧部队走，莫掉队！”陈本初后来才知道这个红军就是军长贺龙。长征途中，陈本初跟着部队走了三个月草地没有鞋子穿，只有稀饭吃，他边吃边哭。有一次，部队两天一夜奔走370里路，头天走240里，第二天走130里。过雪山时，陈本初仅靠买到的4两辣椒度过难关：“就吃辣椒出汗水，不吃辣椒没汗水（冷）。有个战友，休息的时候我把衣服和药包放地上坐下，我瞌睡来了就跟战友相互靠着肚子睡下了，走的时候喊走，我就喊他：‘走了，莫掉队。’他就不晓得醒了。红军长征路上牺牲了很多革命先烈，我们现在的幸福生活都是他们用生命换来的，这些人、这些事，打落（方言：掉、忘记）不得！”

青山巍巍埋忠骨，旌旗猎猎砥后人。在烈士陵园广场，陈本初和县人武部的官兵们面对贺龙、任弼时、肖克、关向应、王震等无产阶级革命家群雕，庄严地行军礼、三鞠躬。想起长征时期的艰苦岁月，他谆谆告诫子孙们：“你们能过上幸福的生活，就是无数的先烈们，用宝贵年轻的生命换来的，你们一定要珍惜，一定要记得经常来看他们！”。在陵园休息间隙，大家希望陈本初为苏杰留下寄语，才读过小学一年级的他，用颤抖的手，一笔一划地写下四个刚劲大字“怀念战友”。动情处，陈老给大家唱起了革命歌曲：“当兵就要当红军，处处工农来欢迎，官长士兵都一样，没有人来压迫人……”

劲松长青，金秋入画。“首长，您是我的恩人，我每年都会来看你，我走不动了，我的媳妇（儿孙）就来看你老人家。”陈本初，在二万二千多个日子里，用坚守烈士墓这样一种方式，展现出了一名老红军战士对信念的坚守，对初心的不忘。

陈利财“当革命最需要时，我却负了伤……”

96岁的老红军陈利财走过十万五千里长征，是左权最得力的警卫员，参加过平型关战役、百团大战、上党战役等著名战斗，护送过彭德怀、刘少奇、吕正操等白区连以上干部，给邓小平当过临时通讯员。陈老虽说听力不好，但对当年参加革命的事儿，依然历历在目。“我1920年出生在龙山县西湖乡，小时候给地主家当牛倌，他家来了两个篾匠，和我玩得很熟，一天晚上我听他们两个在低声嘀咕‘听说红军在洞口一带……’我就好奇地问红军是什么，他们说红军是专为穷人打天下的队伍，财主们最怕红军，穷人们最欢迎红军。他们还跟我说红军里当官的不打人、不骂人，参加了红军自己可以找吃的。我就跟着他们投奔红军去了。”陈利财回忆说，“那是1933年5月，我当时只穿一条短裤，一件破烂上衣，从地主家出走后，经红岩溪、马蹄寨，进入永顺县，再一直朝洞口县方向走，沿途翻山越岭，忍饥挨饿，大概走了七八天时间，才在洞口找到了红军并参了军，之后我被分配到红六军团16师46团2营5连当战士。”

“过草地牺牲了不少战友，我当时碰见我龙山一个老乡，用手捂着肚子，我问他怎么了，他说他肚子痛，有点拉肚子，过完草地就再也没见到他。我1964年从山西回来的时候，发现他屋里已经挂上了烈属的牌子，儿子是怎么死的家里人却不晓得，我就跟他家人讲，我最后一次碰到他是在过草地的时候，出了草地就再也没见过了。长征途中，像这样牺牲的战友不计其数，所以我讲我们今天的幸福生活，都是多少人用鲜血和生命换来的，来之不易啊！”

“那是1937年，我当时17岁，左权挑选勤务员，我因为身高比较高，精神也好，就被挑中了。半年后八路军缩小机关，首长不再配勤务员，我就改当左副总长的警卫员。1942年5月份，日军以3万兵力再次对八路军太行抗日根据地进行空前大“扫荡”。5月25日，左副总参谋长带领我们100多人的干部连突围，到十字岭附近时，他站在十字岭高坡上，用嘶哑的声音向已极度疲劳的突围队伍高喊：同志们，不要隐蔽了，冲出山口就是胜利。大家不要慌，快往前冲啊！当时，左副参谋长冲在最前头，紧接着是作战科长，然后是警卫参谋，第四个就是我。再走几百米，就可以跳出敌人的火力圈，这时突然飞来3颗炮弹，大家迅速卧倒，头两弹没有伤到人，第三弹就在左副参谋长的身边爆炸了。弹片从前额眉心打进去，额头一滴血都没流，露出了白森森的不知是骨头还是脑浆。我和战友拖着左权向前走，才走了十几米，左权的身子一下软了下来，就这样牺牲了。”说到这里，老人的声音有些哽咽，“我是左副总长的警卫员，却没有保护好他，如果是我冲在最前面，挡住弹片，他肯定不会牺牲。”

陈利财卷起右手衣服的袖子，向大家展示在自己的枪伤，只见胳膊下面，伤疤清晰可见，老人的右手已经残废，提不起重物。“那是在1946年，我当时是榆太祁武工队的分队长，我们准备伏击阎锡山部队的10中队，没想到他花大洋请的残余的日本军，那个战斗力厉害啊！我们中队背掷弹筒的人不会用，我就负责打掷弹筒，打了两个后，我就跪在那里没有动了，敌人的机枪哒哒就扫射过来，我旁边的2个人中弹牺牲了，一颗子弹刚好从我胳膊下面穿了过去，我站起来就跑，听到胳膊骨头咔咔作响，我心想拐哒（方言，坏了的意思），右手打断了，就顺势把手插到腰带里，胳膊紧紧夹着固定住，跑到安全的地方。战斗结束后，我就到老百姓家里住了几天，搞不好，就转到了28团，当时伤病员特别多，为了让大家多个病床位，我又转到河南武安县云家庄养伤，住了二十多天。”

说着说着，老红军突然嚎啕大哭、泪雨滂沱，他用手托起胸前的抗战胜利70周年纪念章，嘴里不断念叨着：“抗日战争我参加了不少的战斗，解放战争刚开始，我就负了伤，在我们的革命最需要用干部的时候，我却残废了，再也没能为革命做点贡献，还让那么多人照顾我，现在国家还给我开工资、搞治疗，给我发纪念章，我惭愧啊！我那些武工队的老战友们，一个个都牺牲了、都不在了。”

老人说完这些话，所有人都沉默了，房间寂静得只听得见沉重的呼吸声和偶尔的抽泣声，大家都没有想到，一名功勋卓著的老红军，在面对本应引以为豪的伤疤时，心里不是想着这是功劳、这是荣誉，而是觉着无比的惭愧。

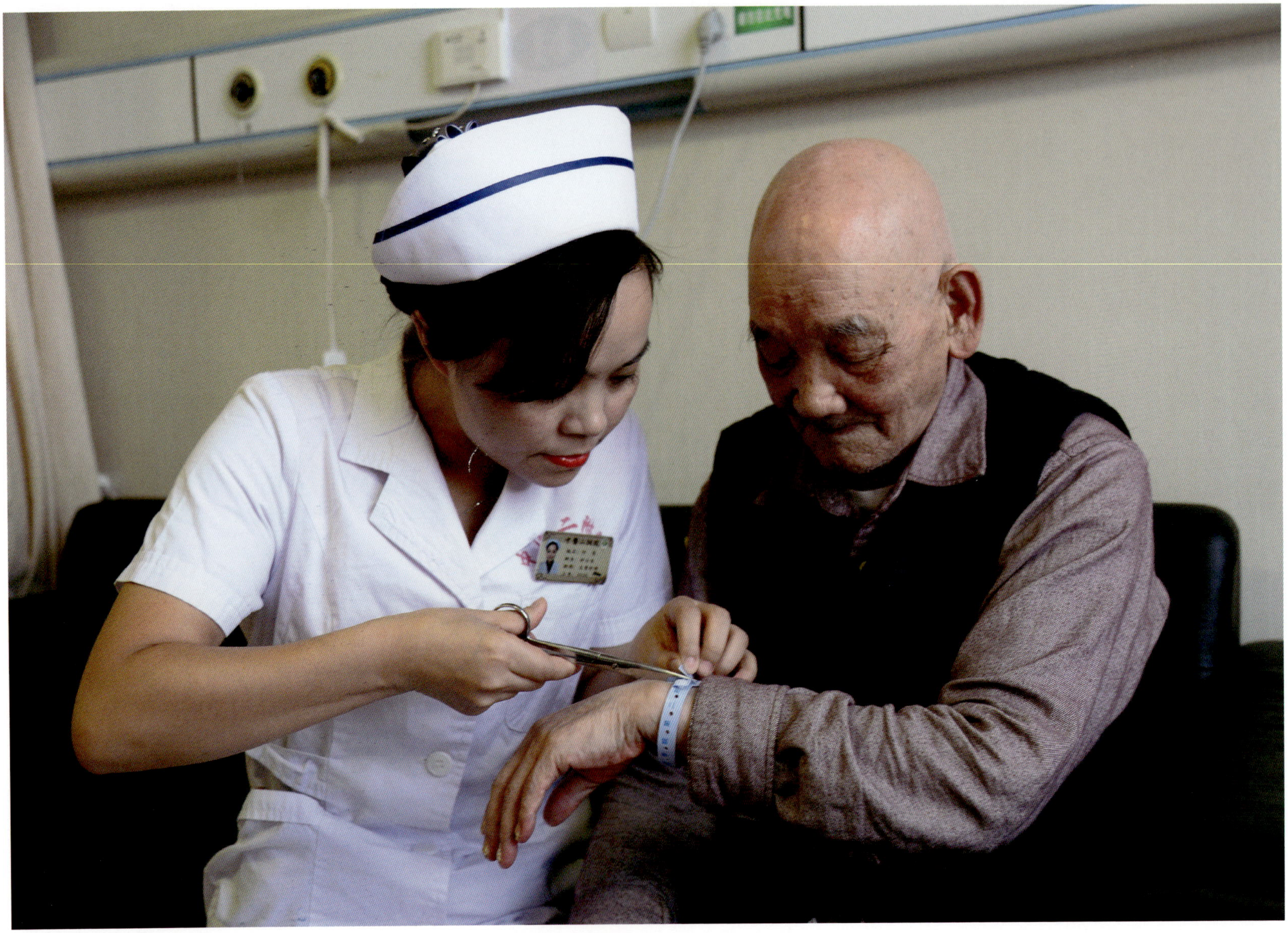

张喜选——跟着红军，无悔一生。

张喜选，四川巴中人，1918年出生，1932年12月参加红军当上一名卫生员。解放后，张喜选来到贵州，为贵州石油战线建设做出自己的贡献。回想人生岁月，张喜选记忆最深的就是长征的艰难历程。

1932年，15岁的张喜选参加了红军，“我参加红军就是一个念头，跟着红军部队有饭吃，我们那里太穷了，没有饭吃，当时红九军前方医院，需要人照顾伤员，我和小伙伴就一起去了……很多小伙伴就这样跟着红军走了，那年我们就和红军大部队一起，开始长征”。

“我们红军在长征途中，翻过夹金山等好多座雪山，身上只是两件单衣，脚上只有草鞋，有很多红军小战士，只能走在马后面，拖住马尾巴过雪山，有的人用破布包着脚下，其实也没多大用，在冰天雪地里，一块破布根本无法解决问题，有很多人的脚上都是裂开的口子，一脚下去，到处都是血印。雪山过后，就进入了草地，我们三过草地，其中的苦让人说起来就想流泪”，草地的水不卫生，喝了就会生病……加上粮食准备不够，路上的野菜和树皮被前面的部队吃光了，红军战士的免疫能力下降，很多人在途中生病就不幸牺牲了。雪山和草地是红军最大的非战斗减员，历经雪山草地可谓死里逃生，经历三次更是‘九死一生’。最要命的是我们竟然三过草地，其艰苦程度难以想象”，说到这里，老人凝视窗外，抹去眼中不易察觉的泪花。

解放后，张喜选来到贵州工作，那时贵州贫穷落后，各项建设百废待兴。“那时来到贵州，就在石油公司工作，什么条件都没有，全是我们一手建立起来的。那个年代很辛苦，但比起长征，那就好得多了，很幸福了。”

张喜选老人年事已高，记忆已经十分模糊，加上听力不好，交流起来很困难，老人经常会突然不说话，像是陷入沉思，但采访中问起一生中最深刻的经历，老人坚定地告诉记者，“跟着红军一起，长征是革命，我的一生都在革命，我无悔一生。”

红军号手张生荣——永远吹响冲锋号

张生荣是中央红军长征出发地江西省于都人。1919年阴历七月初七出生，12岁参加红军，是个地地道道的红小鬼。参军后，他担任过勤务员、司号员。1934年10月，中央红军开始长征，刚满15岁的张生荣随红一方面军参加了两万五千里长征，并参加了艰苦卓绝的湘江之战、强渡大渡河等著名战斗。

作为一名军号手，老红军张生荣经历过长征和各个时期的主要战役，老人兴致勃勃地向家人和干休所的新一代革命军人讲起了自己的长征经历和难忘的故事。最令老人难以忘怀的还是强渡大渡河的壮烈场景。

红军十七勇士强渡大渡河时，老红军张生荣是红一师特务连的司号员，就是他吹响的冲锋号。1935年5月的一天，部队昼夜兼程冒雨急行军90多公里赶到安顺场，歼灭了对岸守敌。红军如果不能跨过大渡河，就有全军覆没的危险。25日上午，极度疲劳的官兵接到了强渡大渡河的命令。指挥员命令红小鬼张生荣吹响冲锋号的一霎那，岸上轻重机枪同时开火，掩护十七勇士乘船强渡大渡河。在嘹亮的军号声中，突击队十七勇士冒着敌军密集的枪林弹雨和炮火，顶着急流险浪，勇往直前，实施强渡。指挥员再次指示张生荣吹响冲锋号，红军的轻重机枪一齐向对岸敌军的工事射击，神炮手射出两发炮弹将敌军的碉堡炸毁，敌军溃不成军，纷纷溃逃，十七勇士冲过了敌军封锁线到达对岸，占领了渡口……

张老越讲越有劲头，仿佛又回到了那段战火纷飞的艰苦卓绝而又充满激情的峥嵘岁月。动情处，老红军张生荣拿起了那支伴随他一生的珍宝——飘着红绸带的军号，右手紧握号把，昂着头，鼓足劲，老红军向新一代革命军人展示他当年强渡大渡河吹起战斗号角的姿态。老人的动作仍然娴熟利索，眼神依旧特别坚定，那象征胜利的嘹亮军号声仿佛又在我们耳边响起。

1936，长征胜利结束，老红军张生荣光荣地加入了中国共产党。在以后的战斗岁月里，张老一直紧紧跟随共产党南征北战，打败了日本帝国主义，打败了国民党反动派，推翻了三座大山，实现了民族解放，迎来了新中国的建立。

老红军的全家福。女儿工人退休，儿子是普通的技术干部，对老人非常孝顺。

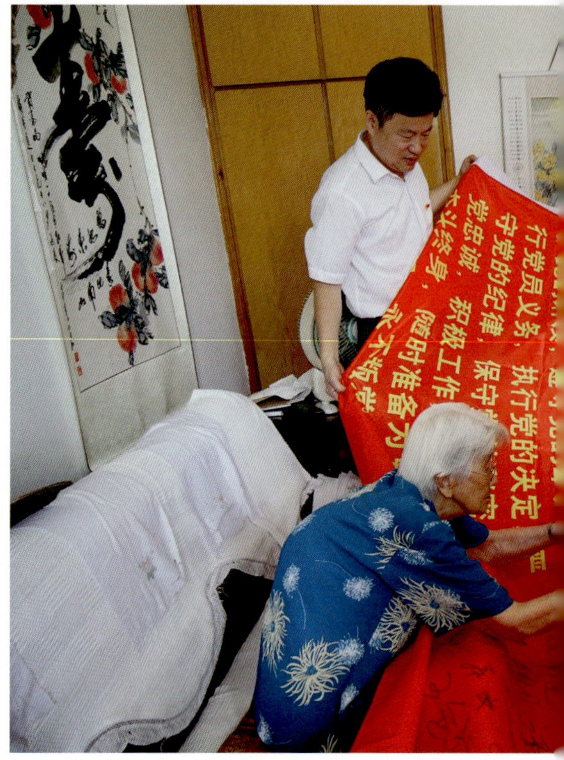

建党95周年，老人重温入党誓词，在签名旗上庄重地签下自己的名字。

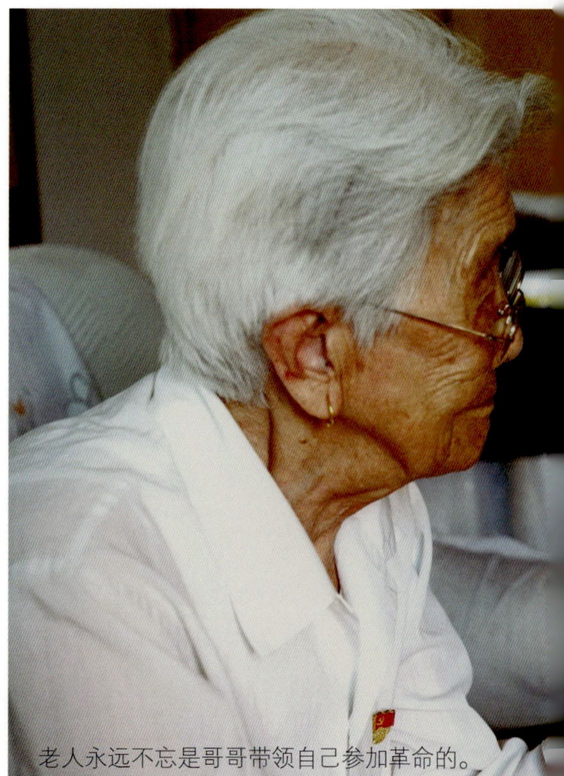

老人永远不忘是哥哥带领自己参加革命的。

老红军赵平远——居功不骄、得誉不傲 / 摄影：姜守凯

赵平远是沈阳铁路局唯一健在的享受正部级待遇的老红军， 现年98岁。赵平远的哥哥王平陆是冀东抗日联军第一支队司令员，在与日军的战斗中英勇牺牲时年仅36岁。赵平远在哥哥的影响下15岁参加革命工作，加入中国共产主义青年团，1938年加入抗日队伍，7月加入中国共产党。从此，赵平远带着对党的坚定信念，转战在中国革命战争的战场上。最初在冀东抗日部队担任宣传干事和妇联工作，后来在第四野战军46军任医疗队指导员，和长征老红军、时任46军后勤部政委的丈夫一起参加了著名的辽沈战役、平津战役、淮海战役，并同人民解放军大部队一直打到广东，获得三级解放勋章。

新中国成立后，享受正部级离休待遇的赵平远居功不骄、得誉不傲，始终保持着革命传统作风，坚定党的理想信念，一如既往地严格要求自己，过着俭朴、乐观、健康的生活，受到组织和群众的高度赞誉，被评为“辽宁省老干部先进个人”和“第七届全国健康老人”。这组照片是我在纪念红军长征胜利80周年前夕，老红军赵平远刚过完98岁生日拍摄的真实生活场景，以表我对革命老前辈的敬仰之情。

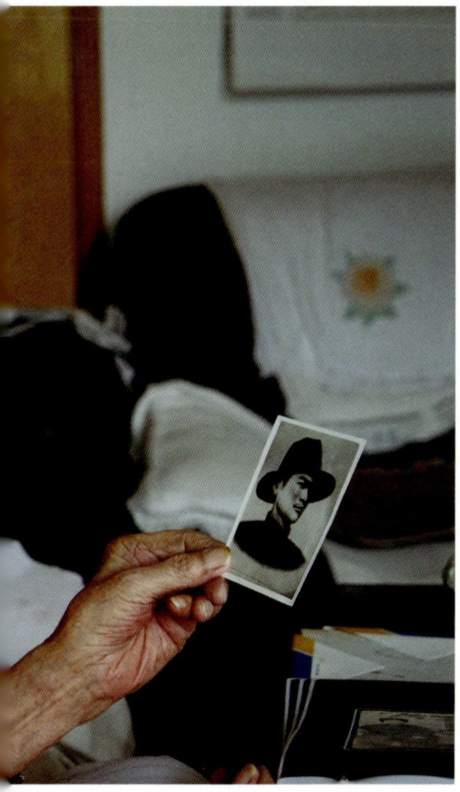

“胖妞”参军入伍 / 摄影：刘 畅

2016年6月16日，首架列装中国空军的国产大型运输机——运-20飞机飞抵西南某军用机场，正式列装西部战区空军航空兵某师。图为“胖妞”滑过美丽的水门，接受洗礼。

运-20飞机是空军战略性、标志性、引领性装备，是中国依靠自己力量研制的一种200吨级大型、多用途运输机，可在复杂气象条件下执行各种物资和人员的长距离航空运输任务。运-20飞机的顺利研制并正式列装空军部队，是中国科技创新的重大标志性成果，是中国航空工业发展的最新成就，标志着中国大飞机设计制造能力取得突破性进展，对推进中国经济和国防现代化建设，应对抢险救灾、人道主义救援等紧急情况，提高空军战略投送能力和中国军队履行使命任务能力，具有重要意义。

猛虎下山／摄影：甘闻

长天舒袖／摄影：甘闻

战洪图/ 摄影：周红霞

2016年7月，安徽省望江县，连遭暴雨侵袭，内涝严重，多圩口告急，险情不断。7月21日，雨虽然停了，可是望江县59圩却在经受着8级大风的考验。风浪中，武警8690部队二营——模范战斗营功勋连的战士们与当地百姓齐心协力，下桩抗浪，查渗堵漏，对堤坝进行加高加固。

红袖标 / 摄影：许　萍

在安徽省安庆市大观区海口镇，中国人民解放军东部战区某部八十多名官兵，千里驰援参加抗洪抢险，那钢铁般的绿色身影，为我们的家园筑起了一道坚固的防线。

2016年7月11日，记者在现场看到，部队官兵中的党员全部亮明身份，佩带着“共产党员”四个大字的红袖章，那星星点点闪跃的红色，似一面面旗帜，成为一道美丽的风景线。把共产党员身份亮出来，是共产党员的就响当当地站出来！危难时刻，解放军党员官兵们身先士卒、无私无畏、挺身而出，在抗洪抢险的战斗中，充分发挥先锋模范作用，以实际行动，彰显了共产党人的政治本色，诠释了共产党人经得起严峻考验，是冲不垮、压不倒的战斗堡垒，是国家和人民的忠诚卫士。

佛语 / 摄影：李晓文

现世回眸 / 摄影：杨 彤

哑剧／摄影：朱晓明

娱记／摄影：朱晓明

弱光下的读者 / 摄影：朱晓明

夏日某晚，我去西湖散步，途经某宾馆，见一环卫工人正坐在暗处借着一排微弱的LE灯管全神贯注地在看书，此景引起我的摄影冲动，因身边没带相机，赶紧跑回家拿相机，小步赶回，还好，那环卫工人仍在看书，我赶紧在一颗行道树后面拍摄，没过几分钟，那工人收拾东西骑上电动车消失在黑暗中。

专业服务就在街上 / 摄影：张琴生

成都宽窄巷子始建于康熙五十七年（1718年），是清朝廷平定 “三藩之乱”后，为八旗兵及其家属专门修建的“城中城”，叫少城，又称满城，位于成都城区西部。经过近300年的历史变迁，当年的少城已不存在，只有宽窄巷子还保留着当时少城的一些遗迹。2003年对宽窄巷子进行了改造，呈现了现代人对一个城市的记忆，既能体验到成都最市井的民间生活，也能感受到天府成都“府中府”的精英和传统的优雅文化。

悠闲 / 摄影：张 雷

四川省崇州市元通古镇夏家茶楼。

矿山的回忆/摄影：战全慧

傍晚在矿山的一个废弃的更衣室，这名曾经的矿工、或许是已经下岗的矿工在这里回忆追寻曾经发生的一切以及逝去的辉煌，这是一座对共和国工业建设作出了巨大贡献的有着百年历史的老矿。

海城煤矿/摄影： 于丹清

夜战 / 摄影：陶爱珍

激情绽放／摄影：卢　英

修井作业是油田勘探开发过程中为保证油水井正常生产提高采收率而进行的工艺改造措施和技术手段。油田修井作业都是在野外进行的，工作流动性大，作业环境艰苦。“天当被，地当床，风餐露宿在井场，甭看满身是油污，以苦为乐最荣光。”这句顺口溜这正是油田作业一线工人的真实写照。

冶炼／摄影：李　彬

攀枝花钢铁厂里的工人在高温下作业就像炼钢一样也在接受陶冶不断升华。

“大国工匠”周汉生／摄影：陈 明

周汉生，天车安装专家，中国一冶集团机电公司起重工、高级技师、中冶集团首席技师、全国冶金建设行业高级技能专家、全国技术能手、享受国务院特殊津贴，拥有以自己名字命名的国家级周汉生起重工技能大师工作室。

拼疙螺／摄影：文世坤

吸引眼球／摄影：尹绍平

鄂东汉子/摄影：曾 欣

夫妻排档/摄影：张 斌

高天厚土／摄影：刘炎华

同是女人 / 摄影：高兴建

山东日照市王家皂海边，一位讨小海打海蛎子的老妇人与海边寒风中拍照的美女相遇。

冰天雪地情 / 摄影：李明生

早春三月兴凯湖冰天雪地，银装素裹，冰排涌动，蔚为壮观，吸引着大批摄影爱好者和旅行者摄影观光。

晒秋人家／摄影：牛世云

三月西递／摄影：陈士范

谐调与不协调，非常三加一/ 摄影：王　正

画面的几个细节很有意思，看似协调一致的四个人当中却包含着不协调：看性别，三女一男；看年龄，三老一少；看动作，三竖一横，有趣儿。

晒春／摄影：于旭臣

秋收／摄影：姚　丽

丰收的喜悦 / 摄影：高文庆

山西省忻州市宁武县太平村村民老朱喜获丰收，高兴得抿不住嘴。

切磋 / 摄影：关伟明

渔工 / 摄影：包 威

十月的辽宁丹东，靠海吃海的东港又到了一年的丰收季。辛勤的渔工们靠着自己的双手收获着每天丰厚的收入。本作品以脸谱化的表现形式来讴歌勤劳的渔工们收获贝类海鲜的劳动场面。以突显劳动者最光荣的精神内涵。

传递温暖传递爱 / 摄影：朱思莲

每天清晨7点，北京市仁爱慈善基金会石家庄自强心栈的志愿者总是准时来到裕华路西里小广场，他们站在路旁，手捧一杯粥，面带微笑向路人问候："早晨好！请喝一杯爱心粥，祝您一天好心情！"当您驻足领粥，他们会鞠躬30度，带着真诚的笑容双手递出冒着热气的爱心粥，您会瞬间感到温暖感到爱！他们的承诺是365天不间断向路人免费发放爱心粥，用爱心温暖每一个陌生的路人，向社会传递真心的爱！

赶场 / 摄影：郭 凯

山西省朔州市平鲁区井坪镇六六庙会会场，当时夕阳正红，两个上了妆的晋剧演员正匆忙赶赴会场准备晚上的演出。

读在北京 / 摄影：张 杰

欢乐童年(印度尼西亚) / 摄影：张 均

钓鱼图(印度尼西亚) / 摄影：张 均

千年不衰军坡节 / 摄影：王金祥

海南省万宁市龙滚镇三考村三考庙举行当地最盛大隆重的活动——军坡节。

军坡在海南各地也叫装军、游军，或者叫“公期”，是传承1300多年的祭祀活动和节日。官方文献第一次出现带“军”字的表述，是清朝《咸丰琼山县志》：“正月下浣，乡民竞抬本境之神以与邻村所祀者相会……，谓之装军”。军坡节2005年入选第一批海南省省级非物质文化遗产保护名录，2014年被列为第四批国家级非物质文化遗产扩展项目名录。

海南各地军坡节的时间、内容不同，但都是供奉、拜祭各自的神灵或者祖先，其源头和演变众说纷纭，已难以考证。现有史料证明，军坡源流于民间信仰和黎、苗、汉等民族共同的精神文化追求，除上世纪六七十年代外，世代传承，历久不衰，其文化血脉渗透于世居此地的本乡本土，文化基因递承于世代更替的祖祖辈辈。坚守的是民族文化，内含着民间信仰。

三考庙军坡节每两年举行一次，所需费用和车辆器具均由村民自发捐助，节日内容和程式完全遵循老一辈传下的文化密码，在当下仍然没有商业运作，没有现代表演成份，不是供人消费娱乐的“嘉年华”，而是满怀敬畏、豪气和神秘的内心表达，保持了纯真的原始风情，展示了普通百姓的精神世界和乡风民俗。

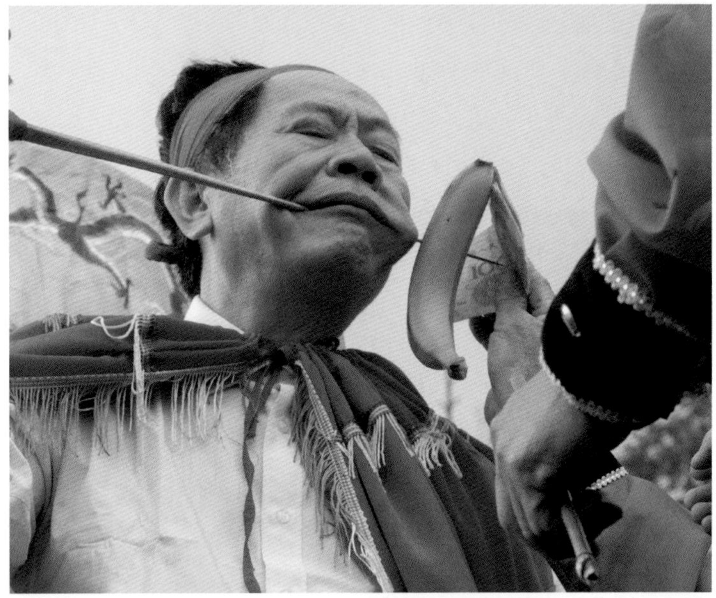

三考庙军坡节由庙主主事。村民一大早聚集在庙内院里，敲锣打鼓，燃放鞭炮，穿上专门服装，给扮演各种历史人物的人们和童男童女化上彩妆，准备祭神。

庙内供奉的是本村神灵。先行上香祭祀，由民间道士主祭，用方言边唱边跳，祈求国泰民安，物阜年丰。之后把神水倒于盆中，在庙外口喷于人们脚上手上，准备“过火海”。

村里的广场上，已事先准备好炭火。炭火边举行仪式后，村民争先恐后赤脚从炭火上跑过，脚板毫无损伤，以求消灾去难，避疫去瘟。

回到庙内再作祭祀。护法等就位，“穿杖”和“游公”由扮作神的两人作主角，口中念念有词，全身发抖，似神灵附身，与天地鬼神对话。

“穿杖”和“游公”随后开始。三考庙军坡节主祭“多挥候王”和“北主候王”，各由一人扮演。穿杖是军坡节中最具刺激性的仪式。杖是一根一米多长拇指般粗的钢钎，由专人拿持，当地人视为圣物，别人不能随便触摸，钎头较细，穿杖由候王自己张开嘴巴插入，从一侧腮帮穿出，钎头上还插上香蕉、纸币，取其吉祥保佑之意。游公穿行在四邻八乡，沿途群众燃放鞭炮，争相观看，弥漫着一种狂欢、超然而又庄重的气氛。

千年香火，千年传承。上古时代走来的军坡，神秘而又炽热，一代代人的积累与承接，在历史延续中记住乡愁，让人们足以抗衡生命中的风风雨雨，更加热爱这个并不完美的尘世。因此对于军坡节有迷信成份一说，这里不予置评。

遗落在乡村的留守梦 / 摄影：吴思强　　贵州遵义地区的农村”留守儿童”。

向现代化面向世
正安县
俭坪乡
大面坡村完小
通知
热烈
人民共和
六十二周

等待／摄影：兰利军

四川凉山彝族自治州美姑县。大凉山的壮年人大部出去打工，村子里剩下的多是老人、妇女和孩子，他（她）们担负起了全部农业劳作。

房前屋下 / 摄影：兰利军

四川凉山彝族自治州美姑县马洪村。目前的大凉山还很贫穷，但是，国家脱贫攻坚的阳光已经照射到这里，相信不远的将来，这里的主题词将不再是贫穷。

足球的魅力 / 摄影：高新峰

留守儿童 / 摄影：黄志强

摄于广东省汕尾，年壮的劳动力都外出去工作，两名衣着时尚的小孩在门外玩耍。

带电作业 / 摄影：金晶昕

为减少停电作业给用户造成不必要损失，国网河南省电力有限公司新乡供电公司创新检修方式，在电压为10千伏的运行设备上采用带电作业，提高了工作效率和供电可靠率。

高铁建设／摄影：谢长兴

京沈高铁是中国"一带一路"规划中的一部分，亦是国内《中长期铁路网规划》"四纵四横"客运专线主骨架京哈高速铁路的重要组成部分，是铁路"十二五"规划的重大项目。京沈高铁（朝阳段）于2013年底开始建设，计划2018年末沈阳至朝阳段试运行通车，2019年10月北京至沈阳全线通车。京沈高铁与已经投入运营的哈大高速铁路构成了沈阳及中国东北地区进关内的第二条快速铁路通道。是北方地区高铁建设的样板工程。

打树花 / 摄影：晨 燕

烧火龙 / 摄影：王绮芸

丰顺埔寨火龙是广东梅州的汉族传统民俗文化活动，由烧火树(烧烟架)、烧禹门(鲤鱼跳龙门)、烧火龙三项组成，至今有300年历史。"火龙"的制作方法，起初是用竹篾做成龙的躯体，再裱上白纸，涂上颜色，就成一条简单的龙的形象，再用硫磺、白硝、木炭制成的火药，做成"土火箭"，还有吐珠、转花、大犁等不同式样的烟花，安装在龙的全身。传说龙能行云布雨、消灾降福，象征祥瑞，所以以舞龙的方式来祈求平安和丰收就成为当地的一种习俗。元宵晚上，方圆几十里群众，从四面八方拥到这里，观看烧火龙。

湿地“苇客”/摄影：赵振民

盘锦市位于辽宁省西南部，这里有亚洲最大的湿地，有“地球肾脏”之称，是世界第一大以芦苇为主的湿地，是目前国内原生态保护最为完好的区域之一，地处辽河三角洲中心地带。每年11月中旬，数以万计的河北、内蒙古、辽宁等地的农民，打一个简单的铺盖，告别妻儿老小，奔向辽宁盘锦市的这片苇海，年复一年，收割、打捆、盘塘，辛勤劳作。当他们离去的时候，茫茫苇海露出了苍茫大地。随着社会的发展，科学技术的提高，机械逐渐代替手工，用工人员也会大大减少，明年、后年那些行走他乡的苇客会去做什么呢?

金色海湾 / 摄影：马兴辉

工地一角 / 摄影：周 樾

幸福2016 / 摄影：白永红

全家福 / 摄影：高鹤云

2016年2月，江苏省摄影家协会组织省内摄影家，前往徐州市邳县燕子埠镇黑山村，为村民拍全家福照。

色达佛学院/摄影：张在峰

高原魂/摄影：刘广军

丽江印象／摄影：张 颖

村里赛马会／摄影：刘晓军

伙伴 / 摄影：郭端民

多情的土家女孩／摄影：米建华

赶集路上／摄影：孙 莉

快快长大／摄影：谭 礼

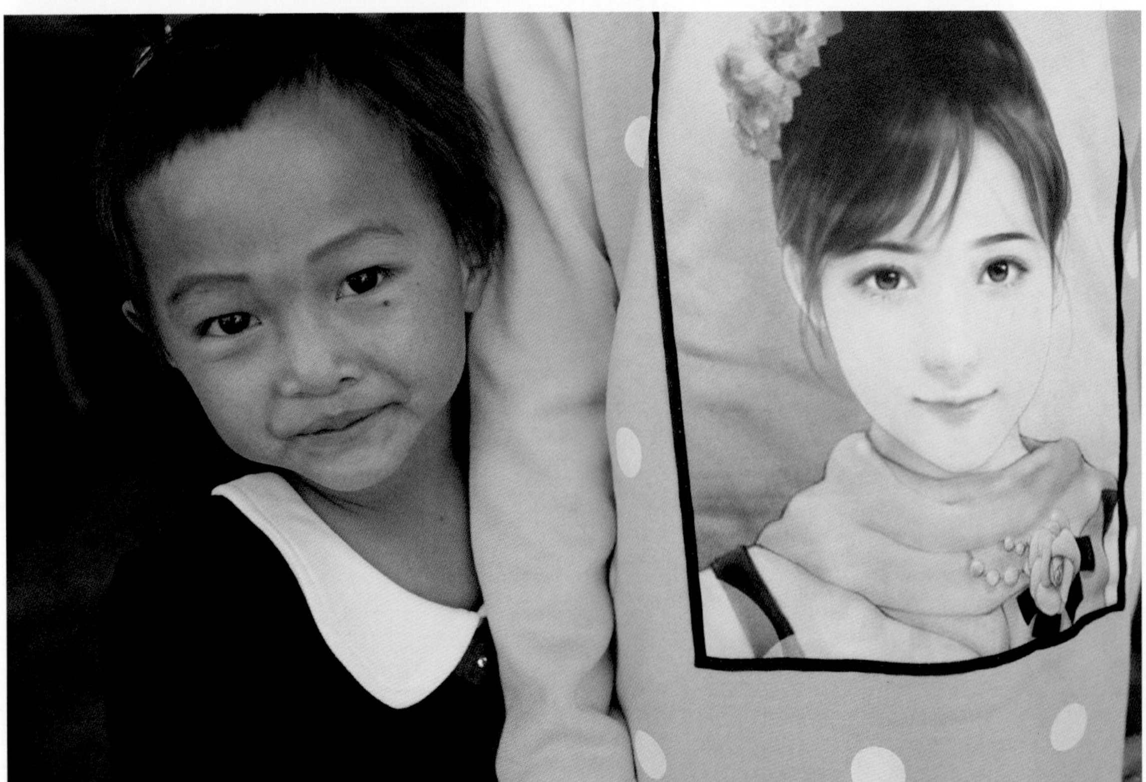

比美／摄影：谭 礼

长城后裔／摄影：周明华

我陪爷爷贴春联／摄影：赵　欣

家有辣妈爱瑜伽／摄影：奚咏梅

魔术：手彩/摄影：曹凤云

乡宴大厨/摄影：陈　帅

海南琼海。农村婚宴的后厨，厨师在忙碌着。

钢管舞／摄影：孙德波

行云流水／摄影：田锡平

劳动中的女人／摄影：徐立刚

麦场夏日／摄影：林生库

魔鬼城魅影／摄影：樊建恩

老有所乐／摄影：苟寿成

乡村晨曲／摄影：孟宪涛

独自玩耍的孩子／摄影：钟培源

童趣／摄影：李子君

在吉林省延边朝鲜族自治州和龙市的朝鲜族村。

陪伴／摄影：李兴明

贵州省黔东南自治州从江县岜沙苗寨。

留守 / 摄影：马 萍

慢轮制陶——远古的技艺 / 摄影：陶 云

慢轮——新石器的原始人类在学会用手捏制陶坯后发明的重要的一个制陶工具。木质的底座，装上石材做的轮盘，制陶时，将泥团置于慢轮上，用脚的拇指轻轻转动轮盘，通过双手揉、搓、捏等使之成型。傣族人自古喜爱用陶盛水、存茶、储米和做佛寺屋脊装饰等，其制陶历史可追溯到4000年前。制陶在傣语中称为“板磨”，俗称“土锅”。到了傣族人普遍信仰南传小乘佛教时期，傣陶又作为佛教礼器被广泛使用，在傣族地区的寺庙中十分常见。由于西双版纳特殊的地理环境，经济、文化相对封闭，原始的慢轮制陶技艺就这样和傣家人的生活一起延续下来。直到如今，在云南西双版纳景洪的曼斗寨、勐罕曼峦站寨、勐海曼扎寨及勐龙寨等地仍然完整地保留着这种远古时期的制陶技艺。

傣陶制作的工具主要有转盘、木拍、竹刮、石球等，包括舂土、筛土、拌沙和泥、拉坯、干燥、烧制等多个环节。傣陶的烧制也很特别，先在地上堆上木柴，然后把陶坯一件一件码在上面，空隙的地方塞满稻草，再用泥巴和上稻草把土陶严实地密封起来，并在不同方向留几个不同大小的孔，便于空气流通，利于燃烧；木柴和稻草燃烬，灰烬中一件件精美的土陶便展露出来。傣族的制陶技艺是如何传下来的，谁也说不清楚，只知道是祖祖辈辈一代代传下来的，且多由妇女制作完成。这项传统技艺也在2006年被列入国家级非物质文化遗产保护名录。景洪市曼斗寨的玉勐、曼阁庆寨的岩罕滇就是云南省的非物质文化遗产传承人之一，正是这些民间制陶艺人的不懈努力，使这项古老的制陶技艺能够被完整地传承下来。

“年画王”杨洛书/摄影：王 冰

山东潍坊杨家埠年画，与天津杨柳青、苏州桃花坞年画并称中国三大年画。现已九十高龄的杨洛书是国家级非物质文化遗产杨家埠木板年画传承人，是杨家埠百年画店“同顺德”的第十九代传人，也是联合国教科文组织认可的“民间工艺美术大师”。

生命不息，奋斗不止。杨洛书老人刀笔不辍，依然坚持创作。2016年，不顾自己年事已高，仍然用木板年画的形式创作了《封神演义》故事画册，体现了老艺人对艺术的热爱和坚守。

陶瓷艺人刘学帅 / 摄影：田 野

沙画／摄影：高景军

四川成都宽窄巷子。见好多人围着一个小门脸房探望着，挤进一看，只见一个外国工匠正小心翼翼地制作具有异域风情图案的沙画。

付阿公的一天 / 摄影：郭凯冬

打铁是一门古老的手艺活儿。俗话称，世上有三苦：撑船、打铁、磨豆浆，可见打铁的辛苦。在工业高速发展的今天，生产的规模化和流水线已取代了传统手工作业，叮叮当当的打铁声已渐渐消失，打铁匠几乎销声匿迹。云顶寨中付炳云老人九十高龄依然坚持沿用传统工艺打铁，逢每月农历三六九的日子，老人都会背着自己打造的农具下山赶集。

付阿公在生炉子。上百年的老屋，伴着破了又补的老炉子，炉中燃烧的是传统燃料柴火。

雷雨后老人家中电路坏了，老人借我的手机打电话给山下的电力局找维修人员。

付阿公的老伴儿也是名铁匠，数十年来夫妻协作打铁，两位老人已经相伴近七十年。

老寨时不时会有游客，少见的传统打铁工艺让游客对传统技艺下的刀具很是好奇。

一天将要结束，老人用算盘盘算起一日的收入。

晚饭后付阿公收了摊子与老伴坐在老屋外乘凉，一起唠嗑。两位老人就这样相伴走过近七十年的岁月。

真正的强者 / 摄影：陶 鑫

晨练 / 摄影：焦广营

驴友之歌/摄影：钟秀珍

加入驴友队伍已有几个年头，AA约伴、责任自负、自助自主进行户外活动，足迹涉及省内外，每每乐此不疲。英雄不问出处，他们以网名相称，却亲如兄弟姐妹，这是一群亲近自然、热爱生活，走向健康和快乐的人们，他们如跳跃的音符，给山川大地平添了活力，目前户外驴行活动越来越受到更多人的喜爱，抓拍驴行场面是我人生一大乐事儿。

我健康 我快乐/摄影：吕彩云

2016年7月，湖南省第三届全民广场舞大赛，张家界赛区，参加广场舞大赛的茅溪广场舞健身队，最大队员年纪75岁了，依然爱跳广场舞。

禅俗之间 / 摄影：曹 炯

乡村剃头匠／摄影：曹业琦

俺娘／摄影：王宝珍

无争／摄影：周 敏

哭灵／摄影：韩栓柱

独龙族的孩子们 / 摄影：张晓梅

每天进步一点点
粉笔无言写春秋
教师节快乐/happy
teachers

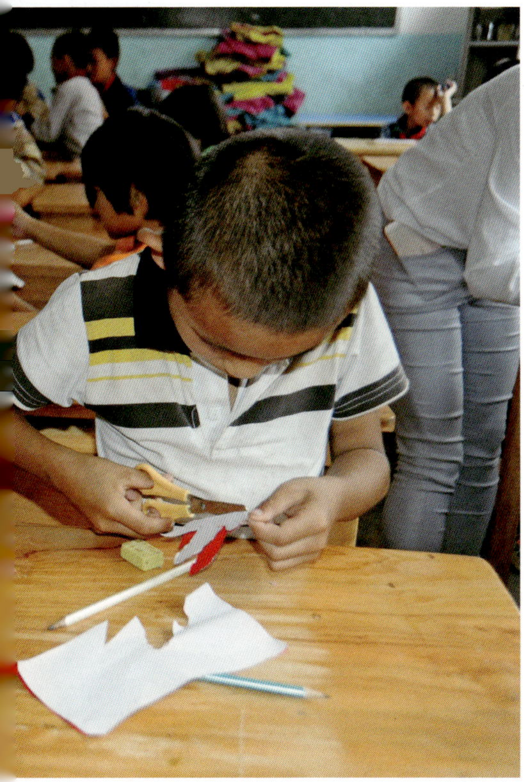

赶海人 / 摄影：田 萍

渔歌 / 摄影：侯智宽

关中戏语 / 摄影：李春龙

云南乡村信仰 / 摄影：阮卫明

昆明寻甸县大陷塘彝族村，彝族教民背着手风琴走向教堂做礼拜。

临沧双江县猛猛乡彝家大寨的彝族教民拿着十字架去教堂做礼拜。

赶路 / 摄影：郝金成

流动北京 / 手机摄影：徐 波

助程
快速充电
助程
快速充电

67020103

高价回收
冰箱、彩电、洗衣机
空调、书本、报纸纸盒
收旧衣服、旧家具、一
切废品都收三轮货运。
电话:13671240149

云南香格里拉·藏族婚礼 / 摄影：马克斌

现场与表情 / 摄影：贾峻峰

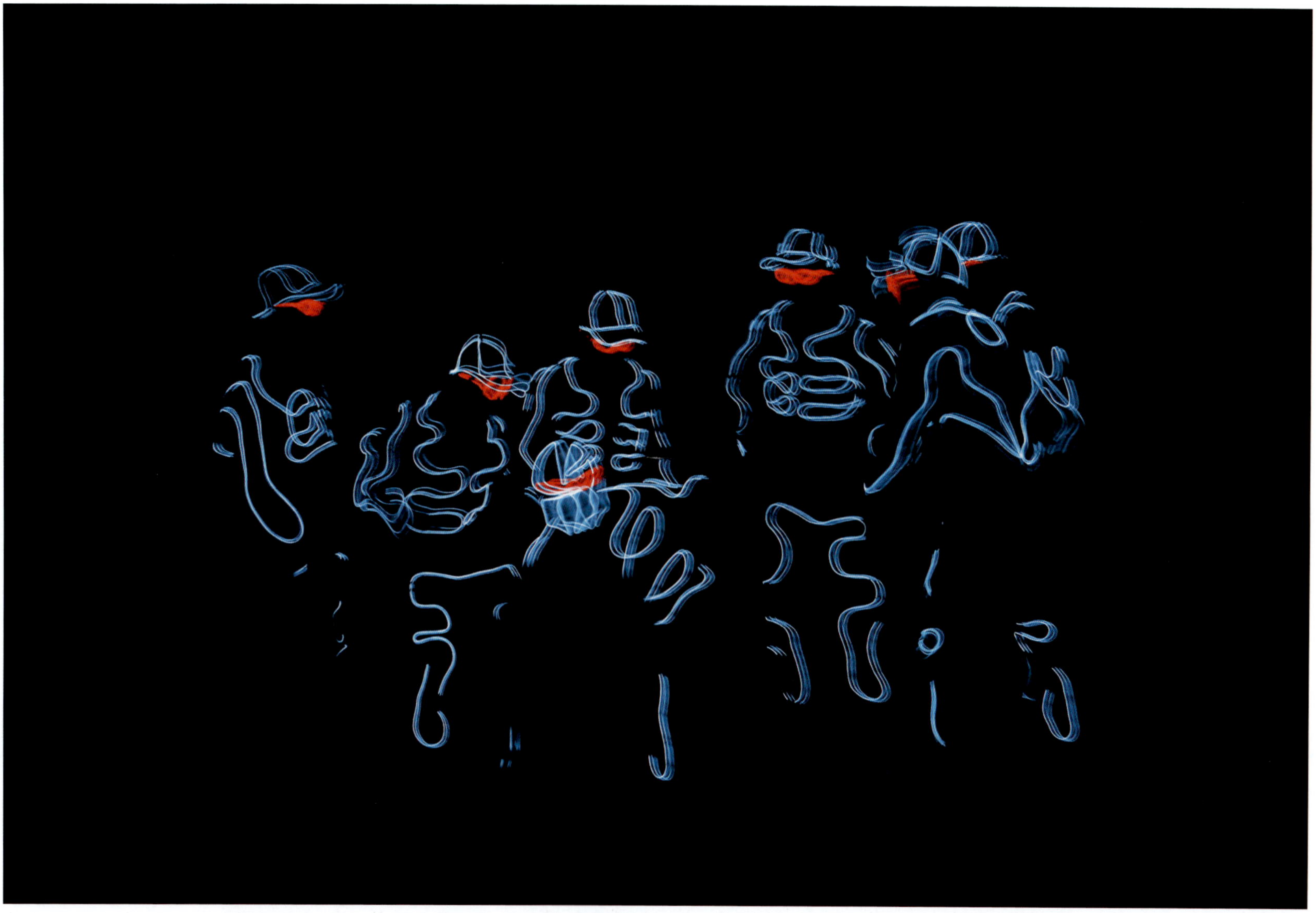

隐形人类 / 摄影：徐悦范

当今这个社会是多元文化的，很多新新人类对于我们来说是隐形的。

童趣／摄影：郭更生

城市少女／摄影：丹 清

沐／摄影：田克涌

寻梦／摄影：田克涌

青藏风情 / 摄影：张文良

过节了，送福去 / 摄影：辛 敏

蒙古人 / 摄影：程 伟

出嫁／摄影：王颖丽

俺家的“自留地”／摄影：高宪杰

监护飞机的护卫队员顶着北风烟雪前往自己的岗位 / 摄影：陈 松

回族人物／摄影：胡金徽

回族娃/摄影：宋笑梅

童年 / 摄影：张治军

维族少女／摄影：李文敏

信仰的天空——走进埃塞俄比亚岩石教堂 / 摄影：赵 军

埃塞俄比亚，除去南部的原始部落，98%以上人信教，其中东正教占比最多。每逢教日，一袭袭白纱，比肩继踵，齐聚于人们心中的圣殿——教堂， 它高雅、肃穆、庄重，犹如一座圣洁的王国屹立。北部，有座名为拉利贝拉的小镇，因几千年前于地下岩石开掘建立了11座教堂而闻名。这里，信教者100%。在

耶路撒冷被穆斯林占据后，拉利贝拉更一度被提倡为新的耶路撒冷城。在埃塞，教堂，早已成为人们思想和灵魂最能得到温暖和慰藉的处所。

宗教日。天刚蒙蒙开眼，教堂就开始被从四面八方赶来的教徒包围。人们白衣素裹凝神静气捧着至尊至爱的《圣经》，或席地诵读圣书，或平静面向教堂，或伏地以主至上，或屏吸面壁殿堂……所有人自觉自愿悉心聆听祭司长达几个小时的循循诱导，接受主的思想与真经。

摆渡 / 摄影：陈垠旭

越南会安，一位老者在自家的船上等待摆渡的客人。

节日的盛装 / 摄影：李春华

鬼斧神奏——能歌善舞的古楚尔人 / 摄影：崔 波

面包师 / 摄影：李铁城

回眸 / 摄影：李杰男

准备早餐 / 摄影：郑贤桂

五台山罗睺寺弥勒佛 / 摄影：程玉杨
原作1.2米X2米 彩色相纸直接拍摄并冲洗

藏僧 / 摄影：高金刚

高粱熟了红满天 / 摄影：李伟光

酒

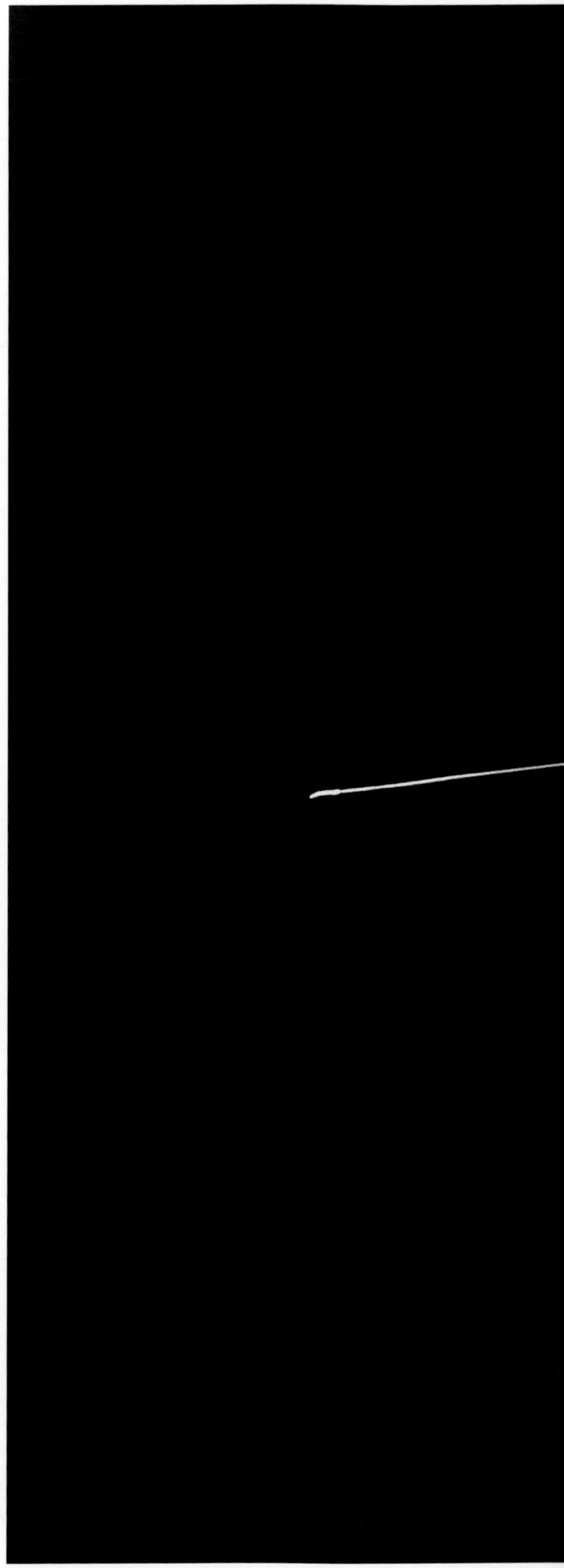

健与美 / 摄影：郭中坚

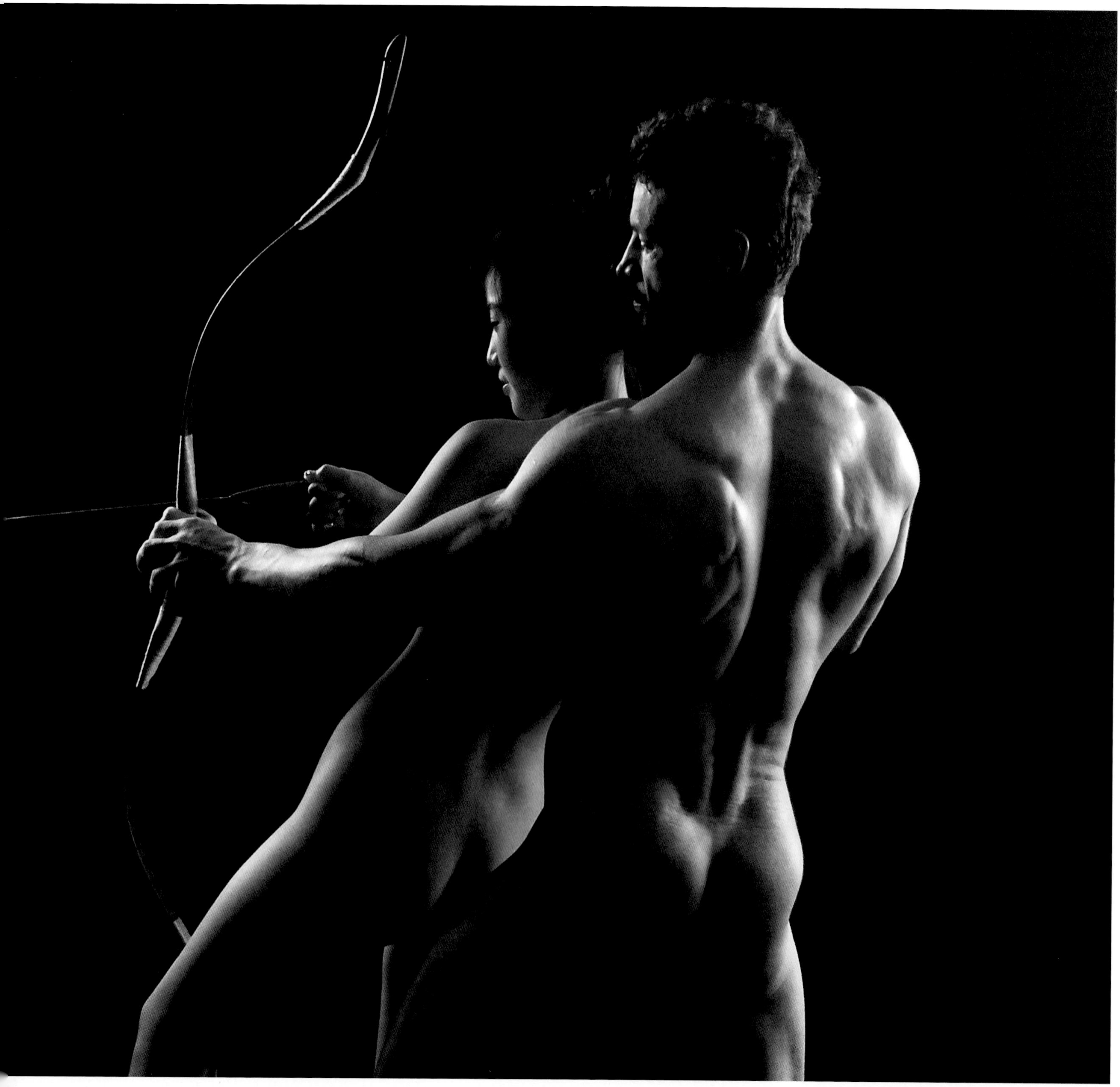

强者 / 摄影：张 松

体育展示的是一种精神。人们，尤其是残疾人更要有一种勇往直前，不怕艰苦，志在必得的精神。一个人只要有勇敢无畏的精神，就一定会做到很多人认为不可能的事情。残疾人从事体育运动不仅仅是在展示他们的能力，通过运动，也呼吁社会对残疾人的关注，发现他们身上存在的潜能。我作为一名从事体育运动40余年的体育人，深知残疾人运动员要比常人有着更多的付出，我被他们所感动。于是用手中的照相机拍下了《强者》这组照片。

王永海：2013年体坛风云人物，残疾人体育精神奖、全国冠军。

丁二伟：世界田径锦标赛、全运会400米、800米冠军。

李茂大：中国体坛风云人物、全国田径锦标赛100米、200米冠军纪录保持者。

吕晓磊：2004、2008、2012三届奥运会乒乓球冠军，全国五四杰出青年贡献奖章获得者。

王代臣：标枪比赛中多次打破世界记录。被山东省政府授予省级劳模，多次记一等功。

黑暗之中，也许能获得自由，
然而在白昼，我却找不到自己
/ 摄影：王海斌

阿修你好吗？ / 摄影：孔万修

最初做这组照片只是单纯的好玩，但是做了几张之后回头再看看发现了些新的有趣的东西，那些平时容易被自己忽略的微妙的情感上的东西。比如拍一个人吃饭你会感觉到孤独的情绪，那么加入很多个自己进去会不会就能改善这种情况呢，答案是否定的，反而放大了这种孤独的气氛，画面中充斥了一种虚假的繁荣景象背后的落寞，这种情绪被无限的放大了。表面上看似荒诞超现实的情境却有着内在的不容忽视的真实。

我相信每个人都是一个独立的个体，每个人都有自己的问题，无论是独处的时候还是在聚光灯的舞台上，那个独立的个体所拥有的精神世界是独一无二的。我想通过做这组片子增加对自己的了解，关心起经常会被自己忽略掉的这个“我”。身体是离自己最近的谜题，因为在皮囊的里面包裹着最令人费解的灵魂。试着跳出自己看自己。当你从定式的角度脱离开来之后你会发现更多的可能性、不确定性，比如人性的多面性。有些是先天的，有些是时代的产物。

我们展现在皮囊之外的与之内的那个我真的一样吗？这些多面性都是正常的吗？我们应该如何正确的面对这些问题？这都是我拍摄这个项目的动因。没有问题就不会有摄影，但是摄影的目的并不是一定要解决问题，有时候只是为了抛出问题。因为当我们都无法认知问题的时候是无法解决问题的。这是一个自问自答的过程，虽然答案不一定正确，但是一个开始，一个过程，通过这种过程尝试着更接近自己。

关于乡愁：工业社会改变了农业社会以土地为轴心的世代沿袭状态，更多的人因为事业从农村来到城市，又从一个城市搬到另一个城市，多重故乡的乡愁文化不断切换着。

关于职场的逢场作戏：我们会因为利益的需求在商品社会里与不同的人打交道，为了达到不同的目的我们时常违心地表里不一，两面三刀?

关于家庭角色当担：独身子家庭的困扰已成为新社会不容忽视的问题。

关于安全驾驶：驾驶安全不是你一个人的问题。

关于婚姻忠贞：为人夫为人妻的美好家庭却常难以抵抗外界的诱惑。

关于社会道德与诚信：你有想过身处此境你会是怎样的心态?

再现 / 摄影：风 见

裂 / 摄影：金光永

梦魇 / 摄影：石勐尧

年轮 / 摄影：石勐尧

首届民族摄影节——呼伦贝尔冬季冰雪与民俗摄影大赛获奖作品选登

一等奖：风雪中的新生命／摄影：宝音德力格尔

首届民族摄影节——呼伦贝尔冬季冰雪与民俗摄影大赛获奖作品选登

二等奖：出塞曲 / 摄影：郭伟忠

二等奖：冰雪那达慕 / 摄影：吕学海

三等奖：山魂 / 摄影：包布赫

三等奖：参赛马 / 摄影：白云翔

三等奖：历史的凝视 / 摄影：张兴广

中国高校大学生作品

《肆意·冲破弥障》

致幻/摄影：周洋

锐奇 / 摄影：刘 淼

破茧 / 摄影：薛 莹

假面 / 摄影：钟 博

臆想的精灵 / 摄影：孙丽琪

鹿女 / 摄影：胡商鼎

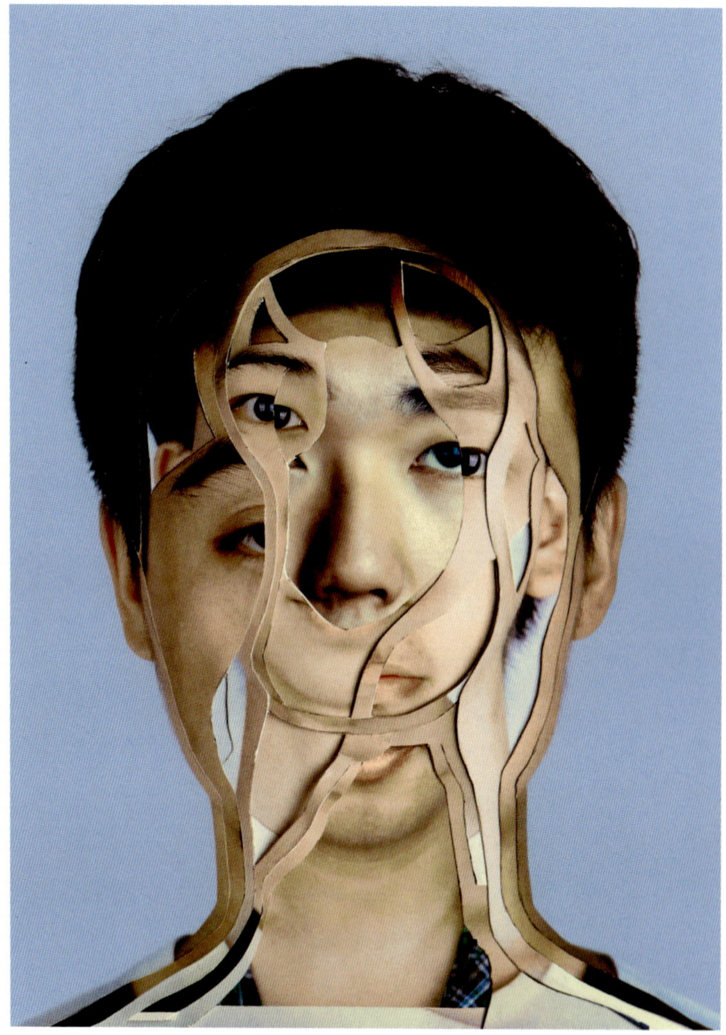

分割 / 摄影：徐笑尘

谜蔍 / 摄影：解咏超

惰性 / 摄影：刘 蕊

支离破碎 / 摄影：于雅婵

馥郁 / 摄影：何雨蔚

面具留底／摄影：于龙晓迪

木荆蕳蕊／摄影：徐梦瑶

无题 / 摄影：杨喆宇

BEAUTIFUL NOW / 摄影：王芊翰

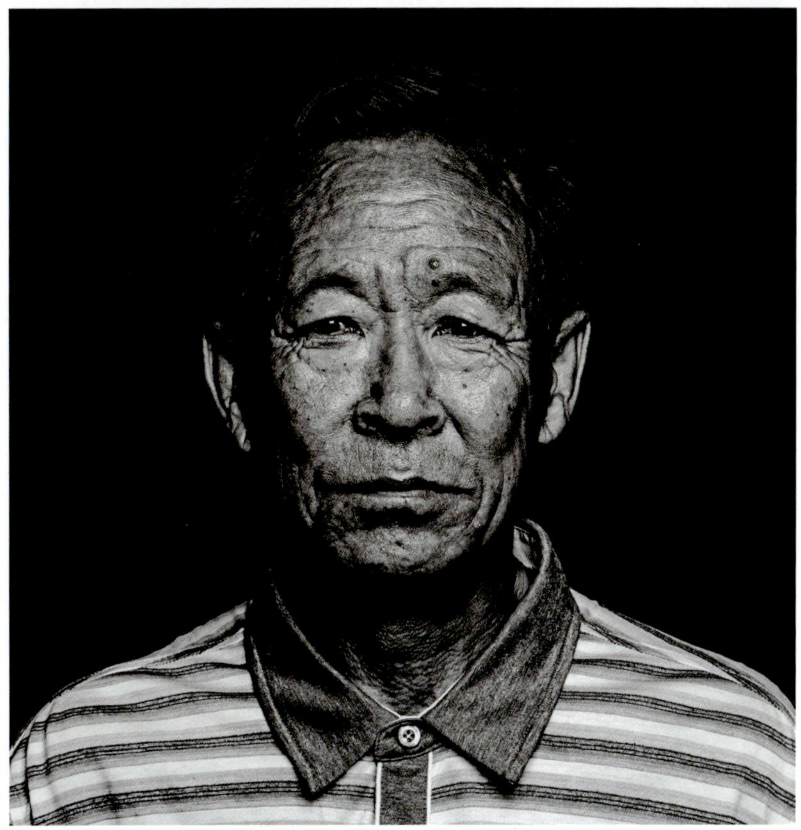

痕迹 / 摄影：南东格

涩 / 摄影：张春雨

逸舍(1) / 摄影：崔 新

逸舍(2) / 摄影：崔 新

肆意 / 摄影：程博闻

冲破弥障 / 摄影：杨清毅

附录：《中国摄影艺术年鉴——2016卷》作者及作品索引（以汉语拼音为序）

图书在版编目（CIP）数据

中国摄影艺术年鉴. 2016卷 / 高健生主编. -- 北京：国际文化出版公司，2017.8

ISBN 978-7-5125-0970-2

Ⅰ. ①中… Ⅱ. ①高… Ⅲ. ①摄影艺术－中国－2016－年鉴 Ⅳ. ①J4-54

中国版本图书馆CIP数据核字(2017)第196353号

中国摄影艺术年鉴—2016卷

主　　编　高健生
副 主 编　张　健
责任编辑　杨　华
编　　辑　马红歌　于吉涛　王　波　马贞阳
　　　　　张　俊　张国进　关紫兮　徐洪彬
出版发行　国际文化出版公司
经　　销　新华书店
编　　辑　《中国摄影艺术年鉴》编辑部
设　　计　北京金水太和文化有限公司
印　　刷　北京图文天地制版印刷有限公司
开　　本　889×1194　12开
　　　　　33.5印张
版　　次　2017年8月第1版
　　　　　2017年8月第1次印刷
书　　号　ISBN 978-7-5125-0970-2
定　　价　428.00元

国际文化出版公司
北京朝阳区东土城路乙9号　邮编：100013
总编室：（010）64271551　传真：（010）64271578
销售热线：（010）64271187　64279032
传真：（010）84257656
E-mail：icpc@95777.sina.net
http：//www.sinoread.com

中国摄影艺术年鉴　沈阳城市学院　北京金水太和文化公司

联合出品